ROGER BURGGRAEVE

EMMANUEL LEVINAS ET LA SOCIALITÉ DE L'ARGENT

Un philosophe en quête de la réalité journalière
La genèse de *Socialité et argent*
ou l'ambiguïté de l'argent

PEETERS
1997

Toutes les photos dans cet ouvrage ont été prises lors du séjour d'Emmanuel Levinas à Bruxelles et à Leuven à l'invitation des banques d'épargne belges (du lundi 8 décembre jusqu'au vendredi 12 décembre 1986 inclus).

D. 1997/0602/88
ISBN 90-6831-978-7 (Peeters Leuven)
ISBN 2-87723-360-X (Peeter France)

Table des matières

Le roi Baudouin (le deuxième en partant de la droite) accueille Emmanuel Levinas au palais royal à Bruxelles avant de participer, avec plusieurs experts, à une réunion de travail sur le rôle de l'argent (le mardi 9 décembre 1986 au matin).

I. Prélude

1. Sitz im Leben d'une étude d'Emmanuel Levinas

A l'occasion de son 25ème anniversaire, le *Groupement Belge des Banques d'Épargne* (GBE) a publié un ouvrage de base sur les aspects historiques, juridiques et économiques du monde des banques d'épargne belges.[1] Emmanuel Levinas était prié d'écrire une introduction philosophique sur l'argent et l'épargne. Il a accepté volontiers, toutefois en soulignant dès le début et à plusieurs reprises qu'il y avait réfléchi trop peu et qu'il éprouvait des difficultés en employant les notions *valeur de l'argent/valeur de l'épargne*. Il en a résulté que cette étude, ne pouvant pas être achevée à temps, ne faisait finalement pas partie de l'ouvrage de base.

A titre de préparation à cette étude, deux représentants du GBE, messieurs M. Lambrechts et A. Van Put du *HBK-Banque d'Épargne*, assistés par les professeurs R. Burggraeve[2] et J. Van der Veken de l'*Université Catholique de Leuven*, avaient un long entretien avec E. Levinas dans son appartement à Paris le 10 avril 1986. C'est cet entretien, dirigé par monsieur M. Lambrechts et dont il a envoyé à l'avance à E. Levinas une préparation basée sur

---

[1] Van Put, A. (réd.), *Les banques d'épargne belges. Histoire, droit, fonction économique et institutions*, Tielt, Lannoo, 1986, 864 p.

[2] A propos de l'oeuvre variée de Roger Burggraeve sur E. Levinas, voir e.a., Burggraeve, R., *Emmanuel Levinas. Une bibliographie primaire et secondaire (1929 - 1989)*, Leuven, Peeters, 1990, 223 p.; Id., *From self-development to solidarity. An ethical reading of human desire in its socio-political relevance according to Emmanuel Levinas*, Leuven, Peeters/Center for Metaphysics and Philosophy of God/Institute of Philosophy, 1985, 135 p.; Id., *Mens in medemens, verantwoordelijkheid en God. De metafysische ethiek van Emmanuel Levinas*, Leuven/Amersfoort, Acco, 1986, 635 p.; Id., *Het gelaat van de bevrijding. Een heilsdenken in het spoor van Emmanuel Levinas*, Tielt, Lannoo, 1986, 232 p.; Id., *Levinas over vrede en mensenrechten. Met vier essays van Emmanuel Levinas vertaald door Gertrude Schellens*, Leuven/Amersfoort, Acco, 1990, 232 p.

des textes d'E. Levinas[3], d'Aristote[4], de P. Veyne[5] et de P. Claudel[6], qui sera reproduit ci-dessous.

Pendant le colloque Levinas, qui se tenait à Cerisy-la-Salle du 23 août au 2 septembre 1986, Emmanuel Levinas a communiqué aux deux collaborateurs du *HBK-Banque d'Épargne*, là présents, qu'il lui était impossible d'achever le texte demandé à temps et il les a priés d'inviter le professeur R. Burggraeve à écrire l'introduction pour le livre. Ce dernier a accepté et a écrit l'étude introductive sur le point de vue d'Emmanuel Levinas sur l'argent.[7] Cette étude sera reproduite ci-dessous à titre de préface générale au texte d'E. Levinas.

Lors de la célébration solennelle au Palais des Congrès à Bruxelles le 11 décembre 1986, c'est Emmanuel Levinas lui-même qui a prononcé le discours académique. Le texte de ce discours, qui n'a jamais été publié jusqu'à aujourd'hui, sera également reproduit ci-dessous. C'est d'ailleurs ce texte que Levinas a retravaillé au début de 1987 et qui est devenu sa contribution définitive sous le titre *Socialité et argent*. Il en a fourni le manuscrit au mois de mai 1987, qui a été repris à sa demande au lieu du texte du discours original dans les discours de la Séance Académique[8] publiés par le *Groupement Belge des Banques d'Épargne*.

A l'occasion de cette célébration, Emmanuel Levinas a passé une semaine en Belgique en tant qu'invité du GBE. Au cours de

---

[3] Bibliographie du mot clef *argent* chez E. Levinas, voir: Burggraeve, R., L'argent et une justice toujours meilleure. Le point de vue d'Emmanuel Levinas, dans: Van Put, A. (réd.), *o.c.*, p. 45; Levinas, E., Le moi et la totalité (1954), dans: Id., *Entre nous. Essais sur le penser-à-l'autre*, Paris, Éditions Bernard Grasset & Fasquelle, 1991, p. 50-52.

[4] Aristote, *Éthique de Nicomaque*, Paris, Garnier-Flammarion (J. Voilquin), 1965, p. 95-111 (Livre IV, Ch. 1 - 4).

[5] Veyne, P., *Le pain et le cirque. Sociologie historique d'un pluralisme politique*, Paris, Éditions du Seuil, 1976, p. 15-67.

[6] Claudel, P., Le peuple élu est-il un peuple d'argent? – Une lettre de Paul Claudel sur les juifs, dans: *Le Figaro Littéraire*, le 10 mars 1951, p. 1 et 4. Voir: Levinas, E., *Difficile liberté. Essais sur le judaïsme* (1963), Paris, Albin Michel, 1976, 2ème édition refondue et complétée, p. 167.

[7] Burggraeve, R., *a.c.*, dans: Van Put, A. (réd.), *o.c.*, p. 23-45.

[8] Levinas, E., Socialité et argent, dans: *25 années Groupement Belge des Banques d'Épargne. Allocutions Séance Académique – 11.12.1986*, Bruxelles, Groupement Belge des Banques d'Épargne, 1987, p. 13-19.

cette semaine, il a été reçu par le roi Baudouin. Il a également accordé deux entretiens à la *Belgische Radio en Televisie*. L'une était dirigée par le professeur R. Burggraeve, l'autre par Frans Boenders[9], avec la collaboration du professeur R. Burggraeve.

Dans une lettre datée Noël 1987, Emmanuel Levinas a écrit qu'il se réjouissait que le professeur S. IJsseling ait l'intention «*de reprendre en néerlandais mon essai modeste sur la socialité* de *l'argent»*[10]. Ce qui frappe, c'est que Levinas cite autrement le titre original de son article. En réalité, le professeur S. IJsseling n'a pas repris l'article en version néerlandaise, mais il a fait publier l'article original en français dans la *Tijdschrift voor Filosofie*.[11]

Il est typique d'E. Levinas, qui était l'invité du *GBE* pendant une semaine en décembre 1986, certes, mais qui n'a pas voulu accepter d'honoraires pour son article, qu'il a demandé au GBE en 1989 la permission de faire publier l'article dans *les Actes du XXVIIIe Colloque des intellectuels juifs de langue française.*[12] Il va de soi que le *groupement* y a consenti avec plaisir.

Dans la reproduction ci-dessous de l'entretien, qui s'est déroulé dans une ambiance très détendue, la nature directe du dialogue ainsi que le langage d'E. Levinas ont été conservés autant que possible, avec l'omission toutefois d'interjections non pertinentes et de quelques arrangements pratiques concernant son invitation par les banques d'épargne belges. A part les citations, certains mots, sur lesquels E. Levinas a insisté, ont été mis en *italique*.

Il aurait été possible de regrouper les différentes parties de l'entretien par sujet. Cela aurait favorisé la lisibilité. Toutefois, nous avons tenu à ne pas le faire et à ne pas éloigner le texte des

---

[9] Burggraeve, R., De zon, de maan en... de Bijbel. Ontmoeting met Emmanuel Levinas, dans: Burggraeve, R., *De Bijbel geeft te denken*, Leuven/Amersfoort, Acco, 1991, p. 265-283; *Het humanisme van Emmanuel Levinas. Onderhoud met E. Levinas, gerealiseerd door Boenders, F. en Burggraeve, R.*, (traduction néerlandaise par Daisy Bal), Fundamenten, BRT 2, 15.12.1986.

[10] Soulignement par l'auteur.

[11] Levinas, E., Socialité et argent, dans: *Tijdschrift voor Filosofie*, 50(1988), n° 3, p. 415-421.

[12] Halpérin, J., Levitte, G. (réd.), *Colloque des intellectuels juifs. L'Argent. Données et débats*, Paris, Denoël, 1989, p. 215-222; repris aussi dans: Chalier, C., Abensour, M. (réd.), *Emmanuel Lévinas*, Cahier de l'Herne 60, Paris, Éditions de l'Herne, 1991, p. 134-138.

pensées de Levinas, de sorte que le lecteur, qui n'a pas eu la chance de rencontrer Emmanuel Levinas, puisse tout de même s'en faire une idée, grâce à cette reproduction, et puisse constater lui-même de quelle façon extraordinaire Levinas lie des questions bancaires particulières, et notamment en matière d'argent, de crédit et d'épargne, aux grands thèmes de sa pensée.

Nous tenons à remercier spécialement quelques personnes.

En premier lieu nous remercions très vivement Michaël Levinas, le fils du philosophe, pour son accueil bienveillant quand nous lui avons proposé le projet et l'élaboration de cette publication.

Nous remercions également le *Groupement Belge des Banques d'Épargne* pour son autorisation de publier cet ensemble de textes ainsi que le *HBK-Banque d'Épargne*, qui s'est chargée du travail matériel. August Van Put et Mark Lambrechts du même *HBK-Banque d'Épargne* méritent une appréciation spéciale pour leur engagement désintéressé et philosophique – littéralement leur amour de la sagesse – et pour leur contribution extraordinaire afin que cette publication puisse se réaliser.

Nous remercions également les photographes: Serge Biron, Jan Jans, Van der Avort. Et 'last but not least' nous remercions les traductrices du HBK-Banque d'Épargne, Nele De Kimpe, Annick Geenen et Lita Romeo, pour leur contribution spécifique d'assistance linguistique et de correction et pour la traduction française de «Prélude», «L'argent et une justice toujours meilleure» et «Une biographie philosophique. Emmanuel Levinas: penseur entre Jérusalem et Athènes».

Leuven, le 11 août 1997.

Une conversation animée entre Emmanuel Levinas et Roger Burggraeve, servant de préparation à un interview télévisée sur la Bible et la philosophie, enregistré le mercredi 10 décembre 1986 et diffusé le 18 février 1987 par la 'Katholieke Televisie en Radio Omroep' sur BRT-TV1.

2. L'argent et une justice toujours meilleure. Le point de vue d'Emmanuel Levinas *

Roger Burggraeve

La persévérance dans l'être comme économie de l'intéressement

L'idée centrale et essentielle de la pensée de Levinas est que le souci de l'autre est la civilisation même. L'homme *est* un 'être pour l'autre'. Mon existence n'a de sens que si je m'occupe du prochain avant de m'occuper de moi-même, sinon je sacrifierais tous ceux qui me concernent.

Ceci Levinas le considère comme un véritable renversement d'une certaine ontologie[1], à savoir l'ontologie de l'être qui est, qui s'efforce d'être et qui persévère impitoyablement dans son être[2]. En tant que représentant éminent de l'être, le moi est un 'conatus essendi' ou un être persévérant dans son être[3]: 'Esse' est 'interesse'.

---

* Cette étude a été publiée dans Van Put, A. (réd.), *Les Banques d'Épargne Belges. Histoire, droit, fonction énconomique et institutions*, Tielt, Lannoo, 1986, p. 23-44. Cette étude a été inspirée par l'entretien que M. Lambrechts, R. Burggraeve, A. Van Put et J. Van der Veken ont eu avec Levinas à Paris, le 10 avril 1986. La traduction est de Lita Romeo (traductrice du *HBK-Banque d'Épargne* d'Anvers). August Van Put s'est chargé des références et de la bibliographie du mot clef 'argent' dans l'oeuvre de Levinas.

[1] Levinas, E., L'ontologie est-elle fondamentale?, dans: *Revue de métaphysique et de morale*, 56(1951), n° 1, janvier-mars, p. 88-98; repris dans: Id., *Entre nous. Essais sur le penser-à-l'autre*, Paris, Éditions de Bernard Grasset & Fasquelle, 1991, p. 13-24.

[2] Voir e.a.: Levinas, E., *Totalite et Infini. Essai sur l'extériorité*, La Haye, Martinus Nijhoff, 1961, 1ère édition, p. 78, 252, 278; Id., *De Dieu qui vient à l'idée*, Paris, Librairie philosophique J. Vrin, 1982, p. 259; Id., Éthique comme philosophie première, dans: Hottois, G. (éd.) *Justifications de l'éthique*, Bruxelles, Éditions de l'Université de Bruxelles, 1984, p. 47; Id., *Autrement qu'être ou au-delà de l'essence*, La Haye, Martinus Nijhoff, 1974, 1ère édition, p. 163; Id., *Du sacré au saint*, Paris, Éditions de Minuit, 1977, p. 167.

[3] De Boer, T., Commentaar bij 'Godsdienst en de Idee van het Oneindige' van Emmanuel Levinas, dans: *Wending. Maandblad voor Evangelie, Cultuur en Samenleving*, 44(1985), n° 7, p. 437: «La notion qui traduit l'idée de 'l'être persévérant dans son être' est empruntée à Spinoza (in suo esse perseverari). Ceci est d'après Spinoza la nature de chaque substance. Il l'appelle aussi le 'conatus' essendi', l'effort d'exister» (trad.). Voir aussi: Levinas, E., *Noms propres*, Montpellier, Fata Morgana, 1976, p. 104: «... cette tension encore naturelle de l'être sur lui-même que nous avons appelé plus haut égoïsme, lequel

En tant qu'être fini il s'occupe de soi-même et, à partir de cet intérêt personnel ontologique, il cherche à se maintenir et à se déployer. Il est dans le sens propre du mot un 'pour soi': il vit pour soi-même, dans son angoisse envers la souffrance et la mort il se bat avec acharnement pour son existence ('struggle for life'). De là, Levinas définit aussi le moi comme un processus dynamique d'auto-identification: «L'identification de la subjectivité, c'est le fait pour l'être de tenir à son être. L'identification de A comme A est l'anxiété de A pour A. La subjectivité du sujet est une identification du Même dans son souci pour le Même. Elle est égoïsme»[4].

Ce mouvement d'auto-identification ne reste cependant que formel et vide, s'il n'est pas réalisé par un moyen terme objectif. Le moi est incapable de se maintenir comme une identité consciente et libre en s'identifiant à chaque reprise immédiatement avec soi-même, parce qu'alors il reste coincé dans le cercle vide, immanent et tautologique du 'moi je suis moi'. Il doit sortir de soi-même pour se retrouver. Il a besoin du monde pour pouvoir effectivement revenir à soi et donner un sens réel à son identité. A ce moment-là, le moi mène une existence paradoxale. En tant qu'être besogneux, il dépend du monde. C'est précisément par et dans cette dépendance qu'il acquiert son indépendance. Poussé vers le monde par son indigence, il essaie de le changer en réplique à ses besoins. «Le besoin est le retour même, l'anxiété du Moi pour soi, égoïsme, forme originelle de l'identification, assimilation du monde en vue de la coïncidence avec soi, en vue du bonheur»[5].

Donc, non pas la maîtrise d'une part et la dépendance d'autre part, mais la maîtrise dans cette dépendance. 'Vivre du monde' veut dire tourner la dépendance à la souveraineté, transformer le

n'est pas un vilain défaut du sujet, mais son ontologie et que nous trouvons dans la sixième proposition de la IIIe partie de l'Éthique de Spinoza: 'chaque être fait tous ses efforts autant qu'il est en lui, pour persévérer dans son être», et dans la formule heideggerienne sur 'l'existence qui existe de telle manière qu'il y va pour cette existence de cette existence même'.»

[4] Ibid., p. 101.
[5] Levinas, E., *Humanisme de l'autre homme*, Montpellier, Fata Morgana, 1972, p. 45.

besoin et la pauvreté en propriété et richesse et donc en pouvoir. Le moi peut se réaliser comme identité à condition de s'impatroniser du monde et de le tirer tout à soi de manière 'ego-centrique' en le soumettant. Ceci consiste au fond à rendre le monde 'économiquement' utile. Voilà pourquoi Levinas définit la constitution du sujet comme 'économie' au sens général et large du mot (plus loin il s'agira du sens plus strict du terme économie).

Dans sa substance, ce rapport économique avec le monde peut être défini comme 'totalisation'. En effet, le moi se place au centre d'une totalité: le monde est la pour lui. En conséquence, il essaie de consolider et d'élargir cette totalité autant qu'il peut. Ceci n'est possible qu'en réduisant l'autre que soi-même à soi-même et en se considérant comme loi et 'mesure de toutes les choses'. Le moi économique est au sens propre du mot *auto-nomie*!

L'autre: d'obstacle à collaborateur

L'être intéressé rencontre sur son chemin non seulement le monde, mais aussi les autres hommes. En effet, il n'a pas seulement besoin du monde, mais également des autres pour réaliser son identité et bonheur. Il est par conséquent spontanément enclin à prolonger son attitude économique et réductrice vis-à-vis du monde vers les autres: il essaiera de les renfermer dans ses propres projets de vie, tant sur le plan de la pensée que sur le plan de l'action.

Le moi persévérant dans l'être rencontre l'autre toujours comme un obstacle qui doit être surmonté. Cela a concrètement lieu en essayant d'assujettir l'autre, en l'engageant d'une manière ou l'autre, en le 'consumant' et en l'utilisant: c'est le cannibalisme sous l'une ou l'autre forme. A cette fin, on se sert souvent de la richesse et du pouvoir amassés pour soi-même. L'argent est l'instrument le plus fréquemment employé, ou plutôt manipulé, pour tirer l'autre à soi, pour lui faire du chantage, l'intimider ou corrompre, bref pour l'assujettir – sans qu'on ait directement l'impression qu'il s'agisse d'une tyrannie ou d'un esclavage insolents. Dans sa forme extrême, cette volonté de pouvoir mène à la négation de l'autre, dont le meurtre n'est que l'incarnation physique.

Or, tous les sujets ont la même aspiration: identité et déploiement économique; ils veulent tous protéger, affirmer et élargir autant que possible leur propre persévérance dans l'être. Par conséquent, l'égoïsme primitif du moi intéressé se heurte aux égoïsmes primitifs des autres sujets. Alors le conflit est inévitable: le grand nombre d'hommes qui habitent le même et unique monde ne peuvent pas être le centre absolu tous à la fois. Ils se placent alors de toute force et avec tous les moyens pensables – donc aussi avec leur argent – les uns devant les autres pour se mesurer. C'est une lutte de pouvoir de tous contre tous: la *guerre* au sens le plus large du mot.

A cette situation de guerre, qui fera du tort à tout le monde, il ne peut être remédié que par un *compromis*, par lequel chacun atténue ses prétentions égocentriques, de sorte qu'une organisation raisonnable puisse naître, où autrui au lieu d'être un obstacle devient un collaborateur et en tant que tel prend part au champ commun d'équilibre marchandé d'intéressement réciproque. Ceci se passe concrètement en s'adressant aux autres sujets libres et en leur proposant de suspendre la 'guerre économique' et de conclure la paix. Le résultat en est, dans la perspective des idées de Hobbes[6], une convention afin de borner la persévérance dans l'être, qui est sujette à l'intolérance et à l'impatience, et 'de devenir raisonnable' ('qui tout convoite tout perd'), de sorte qu'un domaine équitable pourra être accordé à tout le monde pour son épanouissement économique. La paix qui en résulte est une 'paix raisonnable', un

---

[6] Hobbes, Th., *Leviathan*, ed. by C.B. Macpherson, Harmondsworth, Penguin, 1984, P.I., Ch. 13. Voir e.a.: Levinas, E., *Éthique et Infini. Dialogues avec Philippe Nemo*, Paris, Librairie Fayard/Radio-France Culture, 1982, p. 85; Philosophie, justice et amour. Entretien avec Levinas (Propos recueillis par R. Fornet et A. Gomez, les 3 et 8 octobre 1982), dans: *Concordia* (Revista Internacional de Filosofia – Revue Internationale de Philosophie – Internationale Zeitschrift für Philosophie), 1983, n° 3, p. 61; repris dans: Levinas, E., *Entre nous*, p. 123; Id., *L'au-delà du verset. Lectures et discours talmudiques*, Paris, Éditions de Minuit, 1982, p. 216; Id., *Du sacré au saint*, p. 21. Voir aussi: Burggraeve, R., *E. Levinas' metafysisch-ethische herdefiniëring van het subject vanuit joodse en filosofische achtergronden*, Leuven, Faculteit Theologie, 1980, p. 1289, 1300 note 5, 1314 note 3.

ordre équitable de forces opposées dans un équilibre de pouvoir relatif. En tant que patience et renvoi de violence, cette paix raisonnable devient alors échange et négociation, calcul et commerce, où l'argent joue évidemment un rôle extrêmement important. Afin de réaliser effectivement cet accord d'égocentrisme limité et refréné, il est nécessaire que les sujets libres créent, en dehors d'eux-mêmes, un ordre raisonnable et généralement valable et qu'ils concrétisent cet accord dans des lois écrites, règles de droit, structures et institutions. En outre, ils doivent créer une instance qui tient en état ces lois et institutions, les fait entretenir et peut infliger des sanctions. Et, pour que tout cela soit concrètement possible, les sujets devront renoncer à une partie de leur richesse et 'acquisitions' sous la forme de contributions financières et impôts.

La paix raisonnable requiert donc la structure politique d'un état. Par l'ordre politique extérieur de l'état et par l'intégrité qu'on accorde aux lois et institutions, le moi intéressé se sent protégé contre la propre dégénerescence subjective et contre le comportement despotique des autres. «La politique tend à la reconnaissance réciproque, c'est-à-dire à l'égalité; elle assure le bonheur. Et la loi politique achève et consacre la lutte pour la reconnaissance»[7]. Ainsi nous aboutissons à l'état comme garantie de la persévérance dans l'être de chacun. L'humanité à laquelle il aspire est le prolongement de cet événement fondamental de la persévérance dans l'être. Plus loin nous verrons comment tout un autre état, et par conséquent une autre économie et signification de l'argent est possible, à savoir une société qui est le prolongement du souci de l'autre.

La première expérience, c'est l'ordre d'aimer

L'homme est cependant 'autrement qu'être': il est plus que la persévérance dans l'être. J'y suis pour l'autre; l'humanité éclate dans mon être. C'est même la nouveauté de l'homme sur terre et

---

[7] Levinas, E., *Totalité et Infini*, p. 35.

c'est cette idée que Levinas a poussée jusqu'aux extrêmes. Même le simple fait d'être, tue l'autre. Le 'da' du 'Da-sein' est déjà un scandale. Je suis 'là' – 'da' – et aussitôt il faut que je justifie mon 'da'. Non pas à l'égard de moi-même, mais à l'égard de l'autre. L'expression populaire 'le malheur des uns fait le bonheur des autres' exprime clairement ma persévérance dans l'être, mon 'Anstrebung zu sein'. Dans cette optique, on pourrait même dire le contraire: 'le bonheur des uns fait le malheur des autres'. Cela ne signifie pas que je me promènerai toujours de mauvais gré avec un revolver pour tuer quelqu'un. Mais en existant et en persistant dans mon être, je tue déjà l'autre. Quand nous allons prendre le café le matin, il y a un petit noir qui tombe ou meurt quelque part sans pain...

Pour éclairer l''être pour l'autre', nous devons prendre comme point de départ l'altérité unique et irréductible de l'autre. Suppo- sons une série de termes: A, B, C, D. A est autre à B et B est autre à A. Tous ces termes, dans la même série, sont autres l'un à l'autre, mais ils ont le même genre. Ils ne diffèrent pas radicalement. Alors, l'autrui humain n'est pas autre dans le même sens. Il n'appartient pas au même genre ou plutôt, il fuit toujours son genre. Il est unique. Et par conséquent, ici, il y a une autre altérité que l'alté- rité de A, B, C, D, qui font partie du même ordre. Son altérité n'est pas une altérité relative mais absolue. Ainsi l'autre aussi est absolument irréductible à moi. Pour Levinas, l'humain consiste par conséquent dans le fait objectif et extérieur que le visage s'adresse à moi, d'une manière pour ainsi dire brutale et inatten- due, avec une demande. Cette demande n'est pas une question neutre mais une exigence inévitable.

Ceci indique comme le visage est en même temps faiblesse extrême et autorité suprême. Le visage apparaît toujours comme quelqu'un qui demande. C'est pourquoi, Levinas parle toujours de la nudité et de l''Unbeholfenheit'[8]. L'autre est sans aide, sans

---

[8] Voir surtout: Levinas, E., *Totalité et Infini*, p. 47-48; Id., *Autrement qu'être ou au-delà de l'essence*, p. 112-118; Id., *En découvrant l'existence avec Husserl et Heidegger* (réimpression conforme à la première édition de 1949, suivie d'Essais nouveaux), Paris, Librairie philosophique J. Vrin, 1967, p. 194-197, 207-209; Id., *Humanisme de l'autre homme*, p. 48, 58; Id., *Éthique et Infini*, p. 89-90.

secours, vulnérable et sans défense. Dans la vie quotidienne, nous le revivons d'une manière civilisée, par exemple, dans l'expression 'qu'est-ce que vous voulez, s.v.p.?'. La question de l'autre, qui dans son apparition révèle la misère du visage, ne se présente pas toujours comme une main tendue. Eh bien, c'est justement dans cette humilité de l'autre que se révèle son autorité suprême, son hauteur. Par sa vulnérabilité dont la souffrance et la condition mortelle sont la révélation la plus impitoyable et la plus douloureuse, l'épiphanie du visage suscite la tentation du meurtre. La nudité du visage est la tentation au meurtre. Dans sa nudité et son exposition à la menace, le visage m'invite à la violence.

Il y a cependant une chose remarquable dans cette invitation à la violence qui apparaît avec le visage. Au moment où je me sens tenté de saisir l'autre dans sa nudité, je me rends compte que, ce qui est possible, n'est pas permis. Voilà justement le noyau de l'éthique. Je me sens choqué dans la suffisance de ma persistance dans mon être et je me sens mis en question. Je me découvre dans les yeux sans défense du visage comme le meurtrier potentiel de l'autre. Ou plutôt, je découvre ma possibilité d'être réellement et constamment l'oppresseur et l'assassin de l'autre, mais en même temps, je me rends compte que ceci est absolument défendu. C'est justement pour cela que le premier mot non-verbal du visage sera: «Tu ne tueras point». Son autorité suprême, son hauteur, est la dimension éthique de sa faiblesse. Sa vulnérabilité est la demande inévitable à mon hospitalité et à ma bonté, qui soulagent sa souffrance et qui exigent de moi de lui être proche quand il meurt. La première expérience, c'est l'ordre d'aimer.

L'extériorité radicale de l'ordre 'Tu ne tueras point', qui constitue l'altérité éthique du visage, peut aussi être exprimée par l'idée cartésienne où l'infini est dans le fini, dépassant sa capacité[9]. Ceci implique toutefois une très mauvaise conscience[10] dans le

---

[9] Descartes, R., *Méditations touchant la première Philosophie*, Troisième Méditation. Voir: Levinas, E., *Totalité et Infini*, p. 185-186.

[10] Voir: Levinas, E., *De Dieu qui vient à l'idée*, p. 258-265: «La mauvaise conscience et l'inexorable». Édition remaniée: *Éthique comme philosophie première*, p. 41-51, surtout à partir de p. 45 e.s.

double sens d'une conscience comme représentation et d'une conscience éthique.

En effet, lorsque l'infini est dans le fini, c'est très mal arrangé. Parce qu'une bonne conscience, c'est lorsque quelque chose entre dans ma pensée comme représentation et qu'elle est congruente ou adéquate à celle-ci. Or, le visage est inadéquat et extraordinaire à ma conscience comme représentation; il ne s'adapte pas à ma pensée, il lui est transcendant, c'est la transcendance même. Ainsi, la conscience comme représentation devient une conscience dérangée. Ceci nous mène immédiatement au deuxième sens de la mauvaise conscience, à savoir la conscience éthique. Par sa transcendance même, le visage est aussi un impératif. Mon 'conatus essendi', ma persévérance dans l'être, n'est pas seulement limité mais est aussi mis en question. La 'bonne' conscience de la persévérance dans l'être, qui avance dans sa conscience naïve (comme représentation) sans regarder à droite ou à gauche, est bouleversée par le visage. Voilà le renversement de la conscience, par lequel dans un mouvement sans retrait en soi comme défense, elle est élevée vers l'autre, inconditionnellement. Une mauvaise conscience ou la conscience éthique est tout simplement la disproportion entre l'infini et le fini.

On peut se demander où on trouve l'idée que l'amour est un commandement et que ce commandement précède l'être. Kant[11] aussi a dit qu'il y a l'ordre d'aimer. Ce n'est pas seulement dans la bible que le commandement de l'amour du prochain est une idée évidente. Beaucoup de gens trouvent cependant scandaleux qu'on puisse commander l'amour. L'amour ne peut quand même pas être une obligation? L'amour provient d'un sentiment, de l'attraction, de la sympathie...! Toutefois, Kant a, à juste titre, fait remarquer le grand paradoxe, qui est l'impératif catégorique d'aimer. Le commandement de la proximité et de la bonté, qui se révèle par le visage, n'est pas basé sur la préférence subjective envers l'autre sur base de ses qualités. Ceci est un amour fautif. Le visage est le commandement d'approcher l'autre comme autre, comme tout autre,

---

[11] Levinas, E., Het primaat van de zuivere praktische rede, dans: *Wijsgerig Perspectief op Maatschappij en Wetenschap*, 11(1970-1971), n° 3, janvier, p. 178-186.

non pas comme ma préférence, mais parce qu'il en a le droit. De cette façon, la 'non-indifférence' de l'amour ne supprime pas la différence. L'amour n'est possible qu'envers un être irréductible et unique, qui n'appartient à aucun genre. C'est pourquoi aussi qu'il ne provient pas de moi-même – de ma conscience ou de mon sentiment – mais de l'exigence inévitable du visage.

La miséricorde comme réponse à la nudité du visage

Envers moi, le commandement qui se révèle par le visage est l'assignation inévitable d'approcher l'autre dans sa misère et de montrer la miséricorde au-delà de ma propre mort et de mon droit à l'être. Concrètement ceci signifie, ne pas abandonner l'autre et ne pas le laisser mourir seul. Ne pas le laisser mourir seul ne signifie pas seulement regarder mais également se donner à faire, courir... C'est à partir d'une telle situation de pure souffrance, qui est au fond inutile et sans issue, qu'il apparaît par exemple «que la médecine comme technique et par conséquent la technologie en général qu'elle suppose, la technologie si aisément exposée aux attaques du rigorisme 'bien pensant', ne procède pas seulement de la prétendue 'volonté de puissance'. Cette mauvaise volonté n'est peut-être que l'éventuel prix à payer par la haute pensée d'une civilisation appelée à nourrir les hommes et à alléger leurs souffrances»[12]. Et, n'est-ce pas là ce que veut dire l'expression: mourir pour l'autre? Ne pas laisser l'autre mourir seul signifie concrètement: mourir pour l'autre.

A première vue, nous retrouvons même cette idée dans un texte d'Aristote: donner sa vie pour un autre. La question est cependant de savoir si chez Aristote il s'agit du vrai amour du prochain. Il n'écrit qu'une seule phrase pour souligner cette idée. On dirait que chez lui, on donne sa vie pour l'autre non pas à cause de l'autre, mais parce que c'est un bel acte. Aristote dit littéralement: «La magnanimité s'expose aux plus grands dangers, et dans le péril, elle ménage peu sa propre vie, car elle estime qu'on ne doit pas

[12] Levinas, E., La souffrance inutile (1982, 1984), dans: Id., *Entre nous*, p. 110.

vouloir vivre à tout prix»[13]. D'après Levinas, la question est de savoir à quoi se réfère 'à tout prix'. Est-ce que c'est vraiment l'autre qui est le prix de sa vie ou est-ce que c'est la déconsidération lorsqu'on est un peu en quête de courage?

'Donner sa vie' peut en effet avoir plusieurs motivations et significations, comme c'est le cas pour l'amour du prochain et le renoncement. Remarquez, par exemple, que les Grecs et les Romains ne connaissaient que l'idée de l'évergétisme[14] et qu'ils ne se souciaient pas d'organiser une société où on aide systématiquement les pauvres. Ils connaissaient le système des dons, mais ceux-ci ne servaient qu'à construire par exemple un théâtre ou un cirque. C'est d'autant plus remarquable de trouver chez Aristote cette idée de générosité et de magnanimité[15] et même de 'l'oubli de soi'[16] comme forme de générosité. Or, s'oublier c'est la contradiction même pour un être raisonnable. L'oubli de soi-même est vraiment un thème bizarre. Un être raisonnable ne s'oublie pas; il continue à calculer et à prévoir. L'amour, c'est s'oublier.

D'après Levinas, la suite de l'interprétation de la générosité d'Aristote fait surgir beaucoup de questions. Le généreux sait qu'il donne et il sait à qui il donne. Il dit littéralement: «Il faut donner à qui mérite»[17]. Il faut donc choisir. Le généreux possède l'art de donner. L'art de donner a quelque chose d'esthétique. Il y a une belle manière de donner et Aristote le souligne: cela reste art tout le temps. Pas seulement donner, mais aussi recevoir. Il dit qu'on doit savoir recevoir. Savoir recevoir est aussi un art.

Cette forme d'aide a surtout pour but de se mettre au grand jour. Pour Aristote, c'est une forme de magnanimité. Il sait très

---

[13] Aristote, *Éthique de Nicomaque*, Paris, Garnier-Flammarion, 1965, Livre IV, Ch. 3, p. 107.

[14] Veyne, P., *Le pain et le cirque. Sociologie historique d'un pluralisme politique*, Paris, Éditions du Seuil, 1976, p. 20: «L'évergétisme, ce sont les libéralités privées en faveur du public. Le mot d'évergétisme est un néologisme – plus encore, un concept – dû à André Boulanger et à Henri-I. Marou; il a été forgé d'après le libellé des décrets honorifiques hellénistiques, par lesquelles les cités honoraient ceux qui, par leur argent ou leur activité publique, 'faisaient du bien à la cité'; un bien fait en général était une évergésie. Aucun mot antique ne correspond parfaitement à évergétisme.»

[15] Aristote, *o.c.*, Livre IV, Ch. 1-4.

[16] Aristote, *o.c.*, Livre IV, Ch. 1, p. 18.

[17] Aristote, *o.c.*, Livre IV, Ch. 1, p. 17 et 22.

bien que la magnanimité a des côtés très désagréables, mais elle a la vertu de faire apparaître le magnifique comme un être merveilleux et admirable, comme un être aristocratique qui est prêt à faire de grands sacrifices et qui justement pour cela apparaît comme un aristocrate. Cela reste une autonomie qui implique une attitude de supériorité et de contrôle, ce qui fait qu'à la fin, il n'y a plus question d'oubli de soi.

Or, le souci de l'autre, dont Levinas parle souvent, est totalement différent. Partant de ce souci, on doit aussi faire de grands sacrifices et même donner sa vie, non pas pour soi-même ou pour éblouir les autres, mais simplement pour l'autre, comme par exemple l'a fait le prêtre polonais Kolbe. Même si on raconte de lui que, dans la vie civile, il éditait un journal antisémite, il s'est quand même offert, à Auschwitz, à entrer dans le bunker de la mort à la place d'un père de famille.

Dans cette mort pour l'autre, il n'y a pas l'idée de rachat. Ce que Levinas appelle mourir pour l'autre, ce n'est pas du tout mourir pour obtenir son propre salut. Si le 'pour l'autre' part de l'idée de revanche et de récompense, cela dégénère en un 'pour soi'. La miséricorde est le 'pour l'autre' malgré soi-même. 'Tu ne tueras point' veut dire donner sa vie pour la veuve, pour l'étranger et pour l'orphelin, sans se soucier de soi-même.

Mais remarquez, la miséricorde 'pour l'autre' n'est pas la conscience de soi, qui, à un certain moment, se tourne vers l'autre. Ma rencontre avec le visage n'est pas la compréhension de sa pauvreté sur base de l'expérience – que j'ai dans ma propre chair – de la pauvreté de ma persévérance dans mon être. En disant qu'on ne peut comprendre la pauvreté de l'autre à moins qu'on ne l'ait déjà ressentie dans sa propre jouissance et économie, on démolit tout le système de Levinas. Si l'on pose que la sensibilité, qui est liée au 'conatus essendi', est la condition pour pouvoir reconnaître la misère de l'autre, on réduit l'apparition du visage à une analogie, à un transfert, à une métaphore. Ce serait déjà l'immanence. Alors le visage serait quelque chose que je possédais, que j'englobais. L'autre serait réduit à un 'alter ego', qui finalement ne diffère en rien de moi et n'est donc pas un autre absolu.

La miséricorde comme l'économie du donner

Lorsque je me trouve en face de l'autre, j'ai le devoir de ne pas l'abandonner, mais de l'aider. C'est ce que Levinas appelle l'acte fondamental de *donner*. On ne doit d'ailleurs en aucun cas prendre la miséricorde au sens spiritualiste comme une sorte de relation amicale spirituelle entre toi et moi, mais au contraire comme un dévouement incarné et terrestre. D'après Levinas, la vraie spritualité s'accomplit entre les hommes en tant qu'êtres physiques et terrestres et non pas entre êtres purement spirituels. L'incarnation de l'homme est la possibilité d'aimer.

Nous ne pouvons pas aller à la rencontre de l'autre dans son apparition de 'pauvre, veuve, orphelin, étranger, prolétaire, nomade ou apatride' purement par sympathie sentimentale ou spirituelle. A ce propos, Levinas fait la distinction entre 'ma faim' et la 'faim de l'autre'. Dans certains soi-disant milieux spiritualistes, le souci du manger, vêtir, loger, bien-être, etc. est considéré purement et simplement comme 'matérialisme'. C'est peut-être exact du point de vue du moi intéressé, mais certainement pas du point de vue de la faim de l'autre. Comment peut-on aborder l'apparition des innombrables masses de pauvres et prolétaires en Asie et aux pays sous-développés autrement qu'à partir du matérialisme? En effet, nous y discernons le cri d'une humanité frustrée. Le sujet éthique, qui prend au sérieux sa responsabilité envers l'autre, refusera catégoriquement de se rallier à ceux qui prêchent des 'croisades suspectes' afin de se réunir entre spiritualistes contre le matérialisme montant. Comme si on devait faire bloc contre le Tiers Monde qui est dévasté par la faim. Comme si on devait penser à autre chose qu'à rassasier cette faim! Comme si toute la 'spiritualité de la terre' ne consistait pas dans l'acte de nourrir! Comme si dans un monde en effondrement on devait sauver d'autres trésors que de souffrir à cause de la faim de l'autre! «La faim d'autrui – faim charnelle, faim de pain – est sacrée; il n'y a de mauvais matérialisme que le nôtre»[18].

---

[18] Levinas, E., *Difficile liberté. Essais sur le judaïsme* (1963), Paris, Albin Michel, 1976, deuxième édition refondue et complétée, p. 12.

Or, puisque l'autre est quelqu'un de très concret, ayant des besoins réels et propres, la réponse du sujet responsable devra aussi être très concrète, c.-à-d. économique. Remarquez bien que la notion 'économie' subit ici une première réévaluation. Dans le prolongement du 'conatus essendi', l'économie était comprise comme transformation du monde par intéressement. Ici, l'économie est conçue d'une manière éthique comme l'incarnation nécessaire et concrète du souci pour l'autre. Cependant, le terme économie reste appliqué au sens large, tandis que plus loin nous verrons comment l'apparition du tiers introduira l'économie au sens strict.

Il est en tout cas clair que le rapport avec l'autre ne se joue pas en-dehors du monde comme une sorte de contemplation bien-heureuse de son altérité ou 'mystère', mais uniquement dans et par l'intermédiaire du monde. Non seulement l'autre, mais aussi le moi appartient tout à fait à ce monde. Même si sa 'totalisation économique' est mise en question par le visage, dans sa réponse il lui est impossible de renoncer à son implication dans le monde. Ceci signifie concrètement que le problème de l'homme affamé (et chaque semblable est affamé sur base de sa 'misère-comme-étrangeté') ne pourra être résolu que lorsque les propriétaires et les 'approvisionnés' égocentriques cesseront de considérer la nourriture comme leur propriété inaliénable, et au contraire, commenceront à la reconnaître comme un 'don reçu' pour lequel on doit dire merci et auquel l'autre a droit. L'exigence éthique, exprimée par le visage, me demande par conséquent très concrètement de mettre ma maison, ma propriété, ma connaissance, mon travail, bref ma 'demeure' et mon 'monde aménagé' à la disposition de l'autre. La miséricorde pour l'autre implique inévitablement l'acte matériel ou objectif de mon 'œuvre'. Elle ne peut en aucun cas se contenter de quelque 'compassion' beinveillante ou de la seule bonne inten-tion du sujet. La miséricorde comme 'réponse' doit, comme accueil de l'autre, devenir l'offre d'un produit de son propre travail, c.-à-d. une économie au sens large du mot. Aller à la rencontre d'un prochain besogneux les mains vides est un acte vaniteux et hypo-crite: ce sont de vraies marchandises qu'il faut lui procurer. Le 'dire-toi' doit, au-delà de tous les mots et sentiments, en passant par mon corps, atteindre mes mains qui donnent[19].

Dans ce sens, selon Levinas, aimer son prochain 'de toute son âme, de tout son cœur et de toute sa raison' est surmonté davantage, quand on l'aime de tout son *argent*. Ceci semble s'opposer à son affirmation qu'au niveau de la miséricorde il n'y a pas encore d'argent, mais seulement le fait de donner. Cela n'est cependant qu'une contradiction apparente. Comme nous le verrons plus loin, l'argent ne fait son entrée qu'avec l'apparition du tiers et de l'économie sociale organisée. Lorsque je me trouve en face de l'autre, je dois le nourrir. A ce moment, il n'y a pas encore d'état, de société organisée, de magasins, de grandes surfaces, ni de banques d'épargne. Il n'y a que moi et l'autre. C'est l'acte de donner directement qui compte. Dans ce sens, initialement on n'a pas encore besoin d'argent. Mais, du moment qu'il y a une économie et une société organisée, où l'argent joue un rôle important, l'argent devient une 'donnée' qu'on peut donner à l'autre, comme on donne des objets qu'on a acquis ou produits. Par conséquent, au niveau de la miséricorde, il n'y a pas de différence entre 'donner de l'argent' et 'donner à manger et à boire'. Les deux expressions veulent dire la même chose, bien que Levinas contrairement à Buber[20] – pense en même temps qu'ouvrir le porte-monnaie reste quand même facile, mais que, par contre, faire quelque chose pour l'autre, le nourrir et le vêtir, le loger et lui faire partager son 'existence journalière', ne pas le laisser souffrir ou mourir seul, coûte beaucoup plus.

Ceci s'explique par le fait que l'argent comme moyen économique d'échange (voir plus loin) est plus objectif et distancié, tandis que l'habitation et la propriété sont plus directement l'expression de la propre identité terrestre et de l'attachement à sa propre persévérance dans l'être.

---

[19] Levinas, E., *Totalité et Infini*, p. 21, 49, 147, 148, 201, 208; Id., *Difficile liberté* (1976), p. 168; Id., *Du sacré au saint*, p. 77.

[20] Levinas, E., La pensée de Martin Buber et le judaïsme contemporain, dans le recueil: *Martin Buber. L'homme et le philosophe* (Collection du Centre National des Hautes Études Juives), Bruxelles, Éditions de l'Institut de Sociologie de l'Université Libre de Bruxelles, 1968, p. 57; repris dans: Id., *Hors sujet*, Montpellier, Fata Morgana, 1987, p. 32-33; Id., *Noms propres*, p. 54.

Le prêt comme acte de fraternité

D'après Levinas, la miséricorde a une dimension qu'on ne peut pas – ou plutôt qu'on ne devrait pas – négocier, à savoir le *prêt*. Dans son sens originel, il le distingue nettement de la demande d'intérêt. A présent, il existe tout un réseau de prêts à intérêt. Et comme nous le verrons, cela est justifié au niveau du tiers et de la société organisée. Cependant, Levinas estime qu'il y a un niveau où prêter à intérêt est interdit, à savoir, au niveau de la fraternité. Le prêt au sens originel et strict du mot, est un acte d'amitié et de fraternité et lorsque la fraternité est payée, c'est un scandale. Au niveau de la miséricorde, le prêt est l'acte de donner. C'est pour cela qu'il doit rester gratuit et non réciproque, au sens qu'il ne faut pas demander quelque chose en échange ('un service en vaut un autre'), ni de récompense, ni de paiement. Nous verrons que ceci ne vaut plus au niveau de la société universelle. Mais en aucun cas faut-il dégrader la fraternité à une question d'argent.

Par le tiers la miséricorde devient justice

La fraternité est une catégorie éthique, interhumaine qui ne suppose pas d'argent. L'argent est seulement un moyen. C'est un moyen par lequel on achète et on acquiert des choses. Un achat n'est pas un acte pur et simple, c'est un acte éthique aussi. Parce que, finalement, il est déjà réciproque. Par conséquent, il suppose une société organisée, c.-à-d. la justice, un des grands thèmes de Levinas.

Dans *Totalité et Infini*[21], le mot 'justice' est employé dans deux sens et reste dès lors équivoque. Il vaut mieux parler, d'une part de la 'justice' dans le sens large de responsabilité ou de 'miséricorde' – pensez au mot hébraïque 'rahamim', porter l'autre en soi – et d'autre part, de la justice dans le sens strict, c.-à-d. lorsqu'apparaît le tiers. Dans le premier sens, il s'agit de la relation entre le moi et l'autre, dans le deuxième sens, de la relation entre le moi et la société avec tous les autres.

En réalité, l'autre se trouve au milieu du nombre: les nombreux autres. C'est ce que Levinas appelle l'apparition du tiers. Le tiers est aussi mon prochain; il est aussi prochain que mon premier prochain et, par conséquent, il faut que je dépasse l'ordre exclusif de mon amour 'pour autrui' et de ma responsabilit 'pour autrui'. Il faut que je tienne compte des nombreux autres, c.-à-d. que je juge, que je classe, que je juge déjà chacun. Mieux encore, je dois juger sans pouvoir juger. Je dois juger avec justice. Le tiers introduit dans le 'pour l'autre' une première nuance. C'est avec l'apparition du tiers que se constitue une société où il existe des institutions et des tribunaux.

Dans son article *Le Moi et la Totalité* [22], un texte très chargé, Levinas parle d'une justice qui compare et calcule. Non seulement y a-t-il la possibilité de calculer, il peut même y avoir une nécessité de calculer, de calculer justement. Cela implique un sens positif de l'argent qui apparaît quand il y a le tiers et quand, à partir du tiers qui n'est pas tiers mais milliard, c.-à-d. toute l'humanité, il y a une nécessité de comparer l'incomparable de la miséricorde, qui concerne l'autre comme unique, à tous les autres. Le tiers nous oblige à introduire ce calcul. D'après Levinas, toute la Grèce est là. Tout ce qu'Aristote a déjà dit de la société et de la politique, revient comme la modalité sous laquelle cette miséricorde devient universelle, c.-à-d. devient justice au sens strict du mot. Avec l'apparition du tiers, il faut passer à un autre ordre, celui de la société organisée.

L'économie au sens strict comme aide organisée pour l'autre

Le thème extrêmement important de l'économie au sens strict s'annonce ici.

---

[21] Levinas, E., *Totalité et Infini*, p. 16-17, 35, 42-43, 51, 54-55, surtout 62-63 et 73-74, 222-223, 273-274; voir aussi: Id., *De Dieu qui vient à l'idée*, p. 132-133.

[22] Levinas, E., Le moi et la totalité, dans: *Revue de métaphysique et de morale*, 59(1954), n° 4, octobre-décembre, p. 353-373; repris dans: Id., *Entre nous*, p. 25-52, surtout p. 40-43, 50-52.

Plus haut, nous avons montré comment la miséricorde pour l'autre ne peut être qu'économique au sens large de terrestre et incarné. Cette 'économie interindividuelle' ne suffit cependant pas: sur base de l'apparition du tiers, elle doit devenir une 'économie sociale'. L'économie au sens strict est, en d'autre mots, le souci de l'autre avec le tiers comme point de départ.

Cette interaction économique n'est pas du tout celle du donner, mais celle du partage du monde, des options et des priorités, de l'achat et de la vente, en un mot de l'échange.

Atteindre le tiers – proche *et* lointain – du point de vue économique, est concrètement possible du fait que l'homme produit des 'œuvres' ou des produits en tant qu'être corporel. Ce qui caractérise ces 'œuvres', c'est que d'une part, le producteur s'y extériorise et s'y exprime, et que d'autre part, il s'en retire: l'œuvre nous raconte quelque chose du producteur mais elle n'est pas le producteur lui-même. Par conséquent, l'œuvre reçoit une signification plus large. Du fait que mes œuvres sont interchangeables et négociables, je peux atteindre le tiers qui est absent: précisément par ces œuvres et non par la parole, à moins qu'elle soit objectivée par une œuvre, p.ex. une lettre ou un livre.

A cause de l'objectivité, la 'vendabilité et l'échangeabilité' des œuvres, une 'totalité économique' se produit. L'économie au sens strict signifie organisation et totalisation. Par l'interaction économique, les hommes s'additionnent et se totalisent, c.-à-d. ils forment une totalité de sujets responsables qui maintiennent leur individualité et qui en même temps sont incorporés dans une structure impersonnelle et objective. De cette manière, l'idée de totalité garde sa force et sa signification positive. La totalité économique précède à l'universalité de la connaissance, qui embrasse tout d'un regard transcendental. La totalité se joue d'abord dans cette interdépendance humaine, dans le travail en particulier et dans l'achat et la vente. Ainsi les hommes deviennent une totalité humaine, l'humanité.

Cette totalité concrète suppose aussi l'objectivité de la chose, qui suppose l'accord sur la chose. Dans l'objectivité des choses, je vois déjà le visage de l'autre. Penser la chose comme objective, c'est la penser par rapport aux autres. L'objectivation, c'est ce qui est reconnu de tous. Les choses sont objectives pour autant qu'elles sont donnables. Elles sont universelles, donc pas seulement à moi, mais à tout le monde. On peut les donner à quelqu'un. Dans leur objectivité, elles réfèrent à l'autre, à qui elles peuvent être données pour venir à la rencontre de sa nudité et de sa misère. Par leur objectivité et donc du fait qu'elles peuvent être achetées et vendues, elles facilitent les relations entre les hommes. Dans ce sens, l'universalité économique est une universalité concrète, la concrétisation même.

L'interaction économique et l'argent

Dans cette totalité économique concrète, l'argent a une fonction intermédiaire ou médiatrice. A travers l'argent, les choses perdent leur substantialité morte. Elles deviennent marchandises[23]. L'argent, c'est la possession de la possession.

Par l'argent une chose est toujours achetée ou vendable, c'est-à-dire, pas du tout donnable, mais donnable aussi. Seulement, elle perd le poids de ma possession et de l'attachement à mon identité. Le monde comme échangeable est un monde qui perd son poids de substance pour être représenté et remplacé par l'argent. L'argent est une manière d'échange possible. Et l'avantage de l'argent, c'est qu'il est aussi un nombre, que la valeur des choses est nombrable, quelles que soient les contingences des choses. Par conséquent, l'argent est un élément de la justice. la justice consiste précisément à tout calculer, à calculer l'incalculable. Et cela est entre autre possible au moyen de l'argent.

Non seulement l'argent est une modalité d'échange particulière, il est aussi une circulation permanente. Surtout aujourd'hui, l'argent est une chose commode et les banques d'épargne savent très bien que, par les techniques actuelles, comme par exemple les paiements par virement, les chèques, les distributeurs d'argent automatiques,

---

[23] Levinas, E., *Totalité et Infini*, p. 48, 136, 274.

etc., l'argent est devenu plus abstrait, plus anonyme. L'argent est devenu une institution au fonctionnement rapide et souple.

L'organisation de l'échange et de la circulation d'argent contribue d'une manière tout à fait caractéristique à l'universalité de l'état, ou plutôt, de la société internationale que Levinas appelle la société organisée, puisqu'elle a toujours lieu au niveau du tiers, c.-à-d. là où il y a plus de deux hommes, non seulement proches mais aussi lointains, au niveau du nombre et de l'universalité.

C'est une approche vraiment positive de l'argent, ce qui n'empêche qu'il faut aussi envisager une signification plus négative. Comme nous l'avons déjà fait remarquer au début de cette étude, l'argent est aussi le mammon, c.-à-d. l'argent comme avidité et cupidité, comme recherche de la puissance. Cet emploi abusif de l'argent envers l'autre se situe également au niveau de la société organisée et n'est au fait que le revers négatif de la signification positive de l'argent, qui est introduite comme une nécessié éthique ou mieux encore, comme un devoir par l'apparition du tiers. C'est l'ambiguïté essentielle de l'argent. D'une part on peut échanger des choses grâce à l'argent, mais d'autre part, l'argent pose aussi des problèmes. Même à travers la société organisée, il y a la possibilité pour le moi de s'affirmer au détriment des autres. Dans ce sens, l'argent est à la fois le mammon et l'aumône, ou plutôt, c'est le mammon parce que c'est aussi l'aumône. Dans toute sa signification éthique, à savoir en tant que moyen permettant de réaliser le souci de l'autre sur le plan socio-économique, il peut également être employé abusivement. Cet abus n'est cependant que le revers inévitable de son côté éthique. L'argent n'est pas automatiquement éthique. Certes, il offre la possibilité essentielle de contribuer à la justice économique, sociale et politique. Mais, puisque cela suppose le choix pour la miséricorde de la part de celui qui se sert de l'argent, l'argent peut également être employé contre la miséricorde et la justice. Bien que, grâce à sa structure impersonnelle et objective, il permette une transaction économique rapide et efficace, de sorte que les hommes puissent s'aider dans la totalité économique sans se rencontrer, néanmoins, il ne recevra cette signification positive que lorsque ceux qui l'utilisent seront animés par la miséricorde et la justice.

L'argent rend l'homme calculable.

L'argent n'offre pas seulement la possibilité de calculer la valeur des choses, mais aussi de calculer la valeur économique de l'homme. La forme et le moyen de l'argent ne changent absolument rien au nombre, ni à la calculabilité. Le nombre est partout, même sur le plan interhumain. Dans l'ordre économique, dans cette totalité où l'argent fonctionne, l'homme lui-même n'est pas seulement celui qui dépense ou celui qui économise, celui qui reçoit ou celui qui donne, mais aussi celui qui est acheté et négocié. Il devient aussi une marchandise. Marx a déjà fait remarquer que le salaire n'est pas du tout une petite récompense. Par le salaire, l'homme est acheté. Ceci implique l'objectivation, c'est certain. Alors cela est évidemment un scandale.

Cependant, le fait que l'homme soit calculable et par conséquent soit aussi une marchandise et payable, a un côté positif. A cet effet, Levinas aime référer à la loi du talion ou loi de la réparation ('œil pour œil et dent pour dent')[24]. Dans cette loi, il y a un élément particulièrement humain, à savoir, qu'on doit sanctionner pour que le crime ne devienne pas une chose admise. La loi du talion, qui est une loi sociale, considère le mal parmi les hommes comme une chose sérieuse. Une vie humaine est absolue, c.-à-d. elle vaut comme la valeur la plus fondamentale. Il n'y a pas de réparation possible pour une vie humaine. «Et toute l'éternité, et tout l'argent du monde ne peuvent guérir l'outrage qu'on fait à l'homme. Blessure qui saigne pour tous les temps, comme s'il fallait la même souffrance pour arrêter cette éternelle hémorragie»[25]. Dans un monde où il n'y aurait que la tendresse et l'amour, et par conséquent le pardon seul, on court le risque de trop se résigner au mal. En outre, lorsqu'on est trop indulgent et qu'on pardonne trop facilement, on ne prend pas le crime et la volonté de puissance, qui en est le monteur, tout à fait au sérieux. Si on pardonne trop facilement, on dénie la responsabilité de

---

[24] Levinas, E., La loi du talion, dans: Id., *Difficile liberté* (1976), p. 194-196.
[25] Levinas, E., *Difficile liberté* (1976), p. 196.

l'homme, de même que le mal fondamental de l'homicide et de toute forme de négation de l'autre qui pourrait s'en suivre.

Pourtant, on ne tue tout de même pas un meurtrier sous le prétexte que la vie de la victime est irrestituable! Même lorsqu'une société tient à la gravité irréparable de l'homicide, elle s'efforcera de chercher un rachat dans le sens propre du terme. Levinas fait remarquer que certains textes dans le Talmud[26] suppriment la stricte application de la loi de la réparation mais prétendent qu'il faut voir ce que l'homme vaut comme marchandise.

Cependant, il ne faut pas créer des malentendus. Le meurtre reste pour le Talmud une chose très grave et irréparable. Mais lorsque vous avez crevé l'œil à quelqu'un ou que vous lui avez cassé un bras, quand vous avez touché à la personne humaine dans son corps, alors il faut payer – c'est la loi du talion même. Et, c'est ici que la loi du talion est extraordinaire, parce qu'il faut payer ce que la lésion vaut du point de vue économique, c.-à-d. représente comme force. Quand quelqu'un a perdu un œil, il gagne moins. Alors, il faut aussi lui payer sa sécurité sociale, cela veut dire, ce que coûtent le médecin et la guérison. Il faut payer ce qu'il perd pendant qu'il ne peut pas travailler, même pas à un salaire inférieur. Il faut payer ce qu'il a souffert. Et il faut le payer pour le fait qu'il est moins beau, que son honneur est lésé. On peut s'étonner du souci de cette catégorie, mais en tout cas on calcule les dommages.

Le fait qu'on peut donner de l'argent pour l'homme, c.-à-d. qu'on peut calculer sa valeur, est une manière de rétablir les dommages et par conséquent, de ne pas appliquer la revendication au sens littéral de l'expression 'un œil pour un œil'. A ce sujet, Levinas cite son maître Chouchani, qui posa la question ingénieuse pourquoi alors on en parle pas directement de l'amende. Poruquoi dit-on 'œil pour œil' et non pas 'œil pour de l'argent', puisque cela se rapporte à l'argent? Alors il répondit: «Parce que

---

[26] Levinas, E., *Quatres lectures talmudiques*, Paris, Éditions de Minuit, 1968, p. 10: «Le Talmud est la transcription de la tradition orale d'Israël. Il régit la vie quotidienne et rituelle ainsi que la pensée – exégèse des Écritures y comprises – des Juifs confessant le Judaïsme».

même si on a payé de l'argent, rien n'est effacé. Sinon, celui qui a beaucoup d'argent pourrait crever les yeux à tout le monde. Rotschild pourrait crever les yeux de toutle monde» C'est pourquoi, on doit garder l'expression stricte de la loi du talion, bien que l'argent comme moyen de réparation et de dédommagement joue en tout cas un rôle immense. Nous verrons ci-après comment cela offre la possibilité d'une nouvelle justice toujours meilleure. C'est une des fonctions primordiales de l'argent, bien qu'il faille le dire avec les restrictions nécessaires et en maintenant le principe de la réparation réciproque et égale. Cependant, l'homme n'est pas totalement calculable par l'argent. Il y rest une disproportion insurmontable.

L'argent et les banques d'épargne

Que pourrait-on dire maintenant de l'épargne et des banques d'épargne à partir des réflexions précédentes sur l'économie et l'argent? Sans doute, on peut étudier de très près l'histoire de l'économie et de l'épargne. H.P. Thurn l'a fait brillamment dans son livre *L'Histoire de l'Epargne de l'Antiquité à nos Jours*[27]. Levinas, toutefois, ne s'est jamais occupé d'économie politique. Le sens de l'épargne est tout à fait en dehors de sa préoccupation. Son intérêt va vers les premiers mouvements, vers les premiers gestes, qui sont le point de départ de tout le reste. Son approche est beaucoup plus générale. Il cherche ce que signifie l'argent. Cependant, ses réflexions sur l'argent peuvent ouvrir de nouvelles perspectives sur le monde de l'épargne.

D'abord, en ce qui concerne l'épargne même. Pour ceux qui épargnent, posséder est dans un certain sens neutre. Lorsqu'on possède quelque chose, on peut par exemple épargner pour donner quand on veut. Ou, si on veut être autonome, il est important d'épargner pour un certain âge. L'épargne peut aussi avoir un sens

---

[27] Thurn, H.P., *L'Histoire de l'épargne de l'Antiquité à nos jours*, Paris, Éditions de l'Épargne, 1984 (trad. A. Plessis).

vraiment humain et juste, parce que moi aussi je ne veux pas tomber à charge de l'humanité. Ce sont tous des mouvements où il y a le tiers. Nous sommes au niveau de la société organisée. Ces mouvements présupposent cependant, en même temps, une humanité qui se définit par 'le-pour-l'autre' et qui est un donner.

En ce qui concerne les banques d'épargne, celles-ci font deux choses: recevoir de l'argent et donner de l'argent. Elles le font au niveau professionnel, ce qui est différent de la fraternité. Avec l'institution banque d'épargne, nous nous trouvons déjà au niveau du tiers. Une banque d'épargne est une institution de l'état, dans le sens le plus large, c.-à-d. une institution de la société organisée. Dans l'état moderne comme organisation sociale et économique, auquel appartiennent aussi les structures particulières et les organismes plus proches comme les banques d'épargne, on doit s'occuper de la politique économique et de l'épargne. En effet, l'argent est le premier moyen de divisibilité: la divisibilité des moyens. La seule chose de se rappeler qu'on puisse demander, c'est qu'on n'enterre pas la charité dont sont nées la justice et l'économie.

C'est à partir de ce souci éthique que le problème du prêt à intérêt peut être repris ici. Evidemment, on ne peut pas être opposé au prêt à intérêt, parce qu'il est devenu institutionnel. Il existe quand même une différence entre le prêt et la vente. La vente veut dire céder définitivement une propriété. Le prêt est une chose quelconque qu'on rend: on vend de l'argent qu'il faut rendre. Comme il a déjà été dit plus haut, c'était initialement un acte fraternel, un acte entre frères. Pour Levinas, c'est une pensée fondamentale. On ne donne avec amour que ce dont on ne peut se passer. Levinas dirait «donner le pain-arraché-à-sa-bouche»[28].

Une justice toujours meilleure, une économie toujours plus juste

L'ordre socio-économique et politique, bien qu'il soit nécessaire à cause du tiers, introduit cependant déjà la première violence

---

[28] Levinas, E., *Autrement qu'être ou au-delà de l'essence*, p. 97.

dans la charité. Cette violence ne vient pas du tiers mais de la société qui, sur base de son universalité et objectivité, néglige nécessairement l'unicité de l'autre. Voilà le drame de la politique et de l'état. Ils sont absolument nécessaires si nous voulons atteindre le tiers par notre miséricorde. Mais en tant qu'ordre, institution et structure, ils impliquent inévitablement aussi la violence. En effet, il faut diviser et partager, il faut savoir ce que A fait à B, ce que B fait à A. Moi aussi, j'entre aussitôt dans ce cercle. La relation intersubjective entre A et B est une relation non-symétrique, une relation asymétrique, parce que je suis responsable vis-à-vis de l'autre et cela sans réciprocité. Cela est attesté par Dostoïevsky lorsqu'il dit: «Nous sommes tous coupables de tout et de tous devant tous, et moi plus que les autres»[29]. Cette grande thèse, cette fameuse asymétrie[30] disparaît cependant dans le cercle de la société. L'égalité et la symétrie sont ici le deuxième moment. Cette symétrie est la première violence d'où sont nées toutes les violences de l'état. Mais il faut toujours souligner que la loi et la justice sont nées de la charité et que par conséquent, la violence est née de la charité. Et que la justice doit remédier à cette violence de la charité qui oublie le tiers.

Cela ne veut pas du tout dire que la charité est effacée à partir de ce moment là. La charité, qui tient compte de l'incomparable de l'autre qui est unique, doit continuer à inspirer et à déterminer la justice et la politique. Voilà pourquoi il faut donc toujours une meilleure justice, une justice qui n'est jamais un régime définitif. Il y a une justice meilleure que la justice, une nouvelle justice que chacun peut inventer par son unicité d'élu, par ce privilège terrible que chaque moi n'est moi que par son élection. Par sa responsabilité, il est celui qui doit répondre, qui ne peut pas dire à un deuxième de répondre à sa place. Cette élection comme unique responsable, est le principe de son individualisation. Voilà son rôle, sa vocation. Il doit trouver ce qu'une justice ne trouve pas. A son tour la charité doit remédier à la violence née de la justice.

---

[29] Dostoïevsky, F., *Les Frères Karamazov*, Paris, La Pleïade, p. 310.
[30] Levinas, E., *Totalité et Infini*, p. 190.

Lorsqu'on travaille chaque jour dans une banque d'épargne, située dans une société où la justice est incomplète, on peut se demander si on agit oui ou non en bonne justice. En effet, cela pose des problèmes éthiques. On ne peut pas p.ex. dire à quelqu'un qui vient emprunter de l'argent: «Nous ne pouvons pas vous prêter cet argent parce que vous en ferez des choses inacceptables du point du vue éthique». On peut, néanmoins, personnaliser ses actes. Lorsque quelqu'un demande un prêt, on peut se demander si on ne prête pas de l'argent à un intérêt qui n'est pas au niveau de celui qui demande l'argent. On peut toujours essayer de reconnaître les gens qui entrent, de voir le visage de celui avec qui on traite. De cette façon, l'administration et la bureaucratie sont freinées. C'est sans doute une première et importante manière de faire du commerce qui est acceptable du point de vue éthique. C'est probablement, à proprement parler, ce qu'on appelle le moment d'amour et d'engagement personnel dans la justice économique. Malgré cette justice nécessaire, chaque cas individuel est irréductible aux autres cas.

En outre, il y a dans l'idée de la charité le fait qu'elle n'est pas entièrement satisfaite par la justice. Nous vivons cela constamment. Le fait que la justice, la justice publique ne s'arrête jamais, la distingue de la tentation de faire qu'un certain régime de justice ne devienne un régime définitif. Le stalinisme vise précisément à rendre impossible le renouvellement permanent de la justice. On oublie que la justice est née de la charité. Dans le marxisme, il y a l'amour pour l'autre. Mais à cause du stalinisme, on ne peut plus parler de marxisme[31]. Dans un régime totalitaire, on distingue trois moments: la rigueur qui est violence, la déduction jusqu'au bout et l'administration. Par contre, l'état libéral ou non-totalitaire est un état où la justice n'est pas complète, où il y a toujours le problème de la justice renée et de la recherche d'une justice toujours meilleure. C'est la mise en question de l'acte politique, même s'il est juste. Dans la société libérale, c.-à-d. dans un état non-totalitaire, il y a certainement l'action de la presse et la possibilité pour

---

[31] Levinas, E., *Entre nous*, p. 138-139.

l'individu de parler et d'agir lorsque quelque chose ne convient pas à sa conscience morale intime.

La nécessité d'une justice toujours meilleure se manifeste d'une autre manière encore. A partir du tiers et de l'exigence d'une organisation juste, où il y a le plus possible de justice pour tout le monde, on ne peut pas accepter que le tiers soit opprimé, molesté, répudié, exploité ou en d'autres mots traité de manière injuste par quelqu'un. C'est bien pour cela que, finalement, les sanctions contre les criminels se justifient. Peut-être même la violence. La loi de la réparation, citée plus haut, a une fonction sociale indispensable – ne serait-ce que comme moyen d'intimidation, c.-à-d. pour retenir l'être persévérant dans l'être qui aspire au pouvoir, d'être injuste envers le tiers. Mais cela ne peut pas signifier la fin. A son tour, on doit de nouveau humaniser cette violence. La justice, qui protège les tiers contre la violence et qui parfois dans ce but doit combattre cette violence par la violence, doit être humanisée davantage. Pensons à ce que Levinas dit au sujet de la loi du talion: lorsque l'état aspire à une meilleure justice, il cherchera un rachat, bien qu'il faut être prudent sur ce point, précisément pour éviter de finir dans une injustice même plus grande. Du fait qu'on tient compte du visage de l'un, on oublie le visage de l'autre. Cela peut avoir de graves répercussions, qui à leur tour ont besoin d'être corrigées ou évitées. L'effort pour humaniser la loi de la réparation mènera peut-être à l'abolition de la peine de mort, comme on l'a fait dans certains états. C'est aussi affirmer que le coupable reste une personne humaine qui a encore des droits, par exemple le droit à un poste de télévision dans sa cellule. C'est grâce à cette bonté que la justice au niveau du tiers devient plus juste. C'est d'ailleurs par la bonté que la justice est justifiée. La justice, c'est reconnaître le droit de l'autre et en même temps la modalité d'une bonté où le 'face-à-face' est devenu impossible. Aussi longtemps que la charité fait partie de la justice, il y aura toujours l'attente et l'exigence d'une justice encore plus juste.

Sur le plan économique, nous pouvons illustrer la nécessité d'une justice toujours meilleure et même nouvelle comme suit. A cause du tiers, l'état peut nous contraindre à donner, c.-à-d. à payer des impôts et toutes sortes de 'contributions de solidarité'. Remarquez par ailleurs que les impôts ne sont plus motivés ici par l'intéressement divisé et partagé, mais par la miséricorde qui veut et doit devenir justice économique. Concrètement, les impôts sont aussi une forme de donner, on donne à une communauté qui collecte l'argent et le partage. C'est absolument légitime. Il y a la loi. Toute notre vie est légale. Mais là aussi il peut y avoir une injustice. On peut dire que les impôts sont trop hauts ou mal répartis, pas calculés, par modérés ou disproportionnés. L'organisation économique est toujours ou plutôt doit toujours être discutable dans le but d'une justice meilleure, d'une justice renée. Sinon on se trouve dans une économie totalitaire où tout est calculé d'une manière définitive. Cela ne justifie cependant pas le fait que payer des impôts me dispenserait de donner à autrui.

Une justice derrière la justice reste possible

Dans la vie politique, il y a des événements qui modifient complètement la manière dont nous comprenons la légitimité et l'état. Un événement pareil était, suivant Levinas, la 'déseuropéanisation' ou la désintégration de l'Europe sous Hitler et Staline. C'est une humanité qui a vécu Auschwitz. A ce sujet, Levinas[32] se réfère à un livre de Vassili Grossman: *Vie et Destin*[33]. Dans ce livre, on retrouve cette fameuse organisation, la société organisée, dont on a parlé avant avec l'apparition du tiers. Grossman estime que chaque organisation politique tend fatalement à la déshumanisation. Le nazisme et le stalinisme signifient la dégénération de l'humain. Selon lui, il n'existe pas de remède. De ce point de vue, le livre de Grossman est extrêmement pessimiste. La perversion de l'organisation est inévitable.

Néanmoins, il croit qu'il y a encore une possibilité, à savoir la petite bonté. D'après lui, il est remarquable que, dans cette

---

[32] Levinas, E., La vocation de l'humain (entretien par François Poirié), dans: *Art Press*, 1986, n° 101, p. 44-47.
[33] Grossman, V., S., *Vie et destin*, Paris/Lausanne, Julliard/L'âge d'homme, 1980/1983.

histoire affreuse de la décomposition de l'Europe, la petite bonté n'a pas été vaincue. En dehors de ce que le roman contient comme reportage sur les choses terribles de la vie des camps, il contient aussi une fable de bonté. Le livre se termine par l'histoire de la défense et de la capitulation de Stalingrad. Les Allemands sont chassés. Les prisonniers allemands sont obligés de vider les caves qui se trouvent sous le quartier de la Gestapo. Aussi, les prisonniers sont obligés de sortir les cadavres. Ce n'est pas appétissant... Un officier, lui aussi prisonnier, a mis un mouchoir autour du nez. Il est le plus malheureux de tous. Les Russes lui jettent des phrases de méchanceté; une femme est particulièrement méchante. Eh bien, c'est précisément cette femme qui sort un morceau de pain de sa poche et le donne à l'officier. Cela est absolument dramatique: elle est la plus malheureuse et la plus méchante. Cependant ceci c'est la petite bonté d'homme à homme. Pour Levinas aussi, la bonté est le miracle des miracles, comme on le retrouve dans son œuvre antérieure et surtout dans *Totalité et Infini*[34].

Ce qui étonne Levinas dans la fable de Gorssman, c'est qu'il n'y a pas du tout question de cette idée du tiers et de la justice. Bien au contraire, Levinas avance explicitement qu'il faut toujours chercher la justice derrière la justice dans un état 'libéral'. Il faut la prendre au sérieux. Bien que la bonté soit extrêmement importante et qu'elle constitue le fondement de tout, elle doit devenir justice et état. Malgré tout, Levinas continue à croire au sens positif de la justice, à condition qu'elle permette une justice toujours meilleure. Le miracle de la petite bonté est absolument indispensable, non seulement comme fondement et inspiration, mais aussi comme correction et humanisation de la justice. Mais cette petite bonté ne suffit pas; il faut aussi une justice toujours plus juste et même nouvelle, comme dépassement de la justice réalisée, qui n'est jamais assez juste.

---

[34] Levinas, E., *Totalité et Infini*, p. 4, 76, 158, 222, 225, 239, 281.

Bibliographie du terme 'argent' dans l'œuvre de Levinas

Classement chronologique. Lorsqu'un article est repris dans un recueil, la date de publication du recueil dans lequel l'article a été publié la première fois vaut comme date d'édition de l'article.

1. Liberté et commandement, dans: *Revue de métaphysique et de morale*, 58(1953), n° 3, juillet-décembre, p. 265; repris dans le recueil: *Liberté et commandement*, Montpellier, Fata Morgana, 1994, p. 32.

2. Le moi et la totalité, dans: *Revue de métaphysique et de morale*, 59(1954), n° 4, octobre-décembre, p. 372-373; repris dans: *Entre nous*, p. 50-52.

3. *Difficile liberté*. Essais sur le judaïsme (1963), Paris, Albin Michel, 1963 (première édition), 1976 (deuxième édition refondue et complétée), p. 100, 103, 167-169, 193, 195, 196.

4. *Totalité et Infini. Essai sur l'extériorité*, La Haye, Martinus Nijhoff, 1961 (première édition), p. 44, 48-49, 113-114, 136, 151, 274.

5. *En découvrant l'existence avec Husserl et Heidegger* (réimpression conforme à la première édition de 1949, suivie d'Essais nouveaux), Paris, Librairie philosophique J. Vrin, 1967, p. 231-233.

6. *Quatres lectures talmudiques*, Paris, Éditions de Minuit, 1968, p. 30, 37, 45-47, 57.

7. La pensée de Martin Buber et le judaïsme contemporain, dans le recueil: *Martin Buber. L'homme et le philosophe* (Collection du Centre Nationaal des Hautes Études Juives), Bruxelles, Éditions de l'Institut de Sociologie de l'Université Libre de Bruxelles, 1968, p. 57; repris dans: *Hors sujet*, Montpellier, Fata Morgana, 1987, p. 32-33.

8. *Autrement qu'être ou au-delà de l'essence*, La Haye, Martinus Nijhoff, 1974, 1ère édition, p. 6, 94, 97, 115, 202-203.

9. *Noms propres*, Montpellier, Fata Morgana, 1976, p. 54, 169, 172.

10. *Du sacré au saint. Cinq nouvelles lectures talmudiques*, Paris, Éditions de Minuit, 1977, p. 16, 103, 144.

11. Quelques vues talmudiques sur le rêve, dans: Rassial, A. et J.J., *La psychanalyse est-elle une histoire juive?*, Paris, Éditions du Seuil, 1981, p. 119-125.

12. *L'au-delà du verset. Lectures et discours talmudiques*, Paris, Éditions de Minuit, 1982, p. 65-66, 121 note 16, 210.

13. *De Dieu qui vient à l'idée*, Paris, Librairie philosophique J. Vrin, 1982, p. 84, 227.

14. Wat men van zichzelf eist, eist men van een heilige. (Entretien avec E. Levinas: propos recueillis par J.F. Goud, avec introduction et annotations), dans: *Ter Herkenning*, 11(1983), n° 5 (quatrième partie de l'entretien), p. 153; repris dans: J. Goud, *God als raadsel. Peilingen in het spoor van Levinas*, Kampen/Kapellen, Uitgeverij Kok Agora/DNB-Uitgeverij Pelckmans, 1992, p. 178.

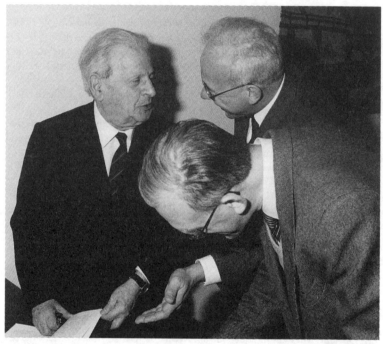

August Van Put (en haut, à droite), rédacteur en chef de l'ouvrage de base 'Les banques d'épargne belges', offre le premier exemplaire à Emmanuel Levinas (le jeudi 11 décembre 1986).

II. La genèse de *Socialité et argent*

3. Entretien préparatoire avec Emmanuel Levinas sur l'argent, l'épargne et le prêt (le 10 avril 1986 à Paris chez Levinas)*

Argent comme donner à boire et à manger

Dans son livre Le Pain et le Cirque *Paul Veyne parle de l'évergétisme[1], qui est le fait, comme vous savez, que dans l'antiquité les collectivités (cités, collèges...) attendaient des riches qu'ils contribuent de leurs deniers aux dépenses publiques, surtout à des plaisirs publics (banquets) et à la construction d'édifices publics. Il y avait aussi un certain évergétisme, qui se rapportait à l'aide aux pauvres. Pour les Grecs, Aristote p.ex., cette aide était basée sur une idée de générosité et de magnificence. C'était une aide aux pauvres, bien sûr, mais plutôt pour se montrer soi-même. Ce n'était pas ainsi chez les Juifs. Et quand, surtout à partir du IVe siècle, les chrétiens commençaient à organiser une aide aux pauvres, ils suivaient, d'après P. Veyne, une inspiration juive. Est-ce qu'on peut parler d'une idée juive de la générosité?*

J'ai lu un petit peu le livre de P. Veyne et je suis étonné non pas de ce qu'il dit de l'évergétisme – cela est pure histoire – mais de ce qu'il dit du christianisme: que *Jésus a eu sa petite société, très limitée...*[2] Alors, quand on s'aime les uns les autres, c'est comme

* Cet entretien inédit a été préparé et dirigé par Mark Lambrechts (HBK-Banque d'Épargne), assisté par les professeurs Roger Burggraeve et Jan Van der Veken (KU Leuven) ainsi que par August Van Put (HBK-Banque d'Épargne).

[1] *Evergétisme* est un néologisme, un concept, dû à André Boulanger et à Henri-I. Marrou. Voir, Veyne, P., *Le pain et le cirque. Sociologie historique d'un pluralisme politique*, Paris, Éditions du Seuil, 1976, p. 20.

[2] P. Veyne réduit le christianisme, ainsi que le judaïsme, à une secte. Pour Levinas, c'est inacceptable.

on ne peut pas faire de grands actes dans sa petite famille! Oui, cela m'a beaucoup étonné!

Écoutez, dans tout ce que je fais, le point de vue historique intervient très peu. Les choses que je dis ne sont pas une particularité. J'ai toujours eu l'idée de *s'occuper du prochain avant de s'occuper de soi* et par conséquent de se sacrifier à tous ceux qui me concernent.[3] J'ai toujours vu cela, amené par la Bible, comme un véritable renversement d'une certaine ontologie. C'est dans ce sens-là que j'analysais toujours cela, sans recourir à des moments déterminés de l'histoire, sans recours à l'histoire, même du canon biblique.

Il y a certainement différents moments dans la Bible, sans même contester que peut-être dans les formules premières, *s'occuper du prochain* n'a pas ce caractère révolutionnaire, qui n'apparaît pas aussitôt. Mais il m'est très difficile de devenir historien en parlant sur ce point.

Je pense que l'humanité, comme souci de l'autre, s'est révélée à l'homme à travers la Bible.

C'est un grand apport dans l'histoire et la civilisation du monde. Le souci de l'autre, est-ce une idée juive?

C'est cela la civilisation. J'ai cherché à opposer ce souci de l'autre à l'être qui est, tout simplement, et qui dans son être s'efforce, *persévère* impitoyablement dans l'être[4] et par conséquent, rencontre toujours autrui comme *obstacle*, ou bien comme un obstacle, qui, à travers la marche des idées de Hobbes, s'est transformé ensuite dans une organisation *raisonnable*, où autrui, au lieu d'être un obstacle est un collaborateur, et aussi quelqu'un qui prend part à ce qu'on veut, mais que finalement à travers cela, l'humanité est un prolongement de cet événement fondamental d'être. Je ne sais pas si ce que je raconte, convient beaucoup à

---

[3] Levinas se réfère ici à une des idées fondamentales de sa philosophie, notamment *le souci de l'autre*.

[4] Il s'agit ici de la référence – fréquemment utilisée par Levinas – à la notion *conatus essendi* de Spinoza, qui traduit l'idée de 'l'être persévérant dans son être' (in suo esse perseverari). Ceci est d'après Spinoza la nature de chaque substance. Voir: de Spinoza, B., *Ethica more geometrico demonstrata* (1677), III, propositio 6.

la manière dont la tradition rabbinique a lu par exemple les premiers versets de la Bible: *Au commencement Dieu a créé la terre et le ciel.*[5]

Les rabbins ont toujours une manière spéciale d'interroger. Ils s'attachent à une particularité du texte et il se trouve que ces deux premiers mots *au commencement* sont construits en hébreu. Ce n'est pas *commencement*, c'est au commencement *de ...* On ne sait pas encore *de quoi.* Alors, selon la méthode particulière rabbinique, on cherche ailleurs où il y a la formule *au commencement de.* Et on trouve un texte de Jérémie, où il dit *au commencement de la moisson*, et c'est *Israël.*[6]

Et il y a un autre texte *au commencement de.* C'est *au commencement de la Sagesse.*[7] Et la Sagesse, c'est la Thora.[8] Par conséquent, c'était bien *par* la Thora et *par* Israël que Dieu a créé la terre et le ciel. Son premier acte est un acte *éthique.* Le *commencement par Israël* signifie *par l'homme qui fera attention à la Thora.* La Thora, c'est l'enseignement de la *Sagesse.* C'est une sanction de cette éthique, d'une loi, qui est une modalité de la Sagesse.

Et après, il y a un grand rien. Il y a juste l'esprit de Dieu, qui *flotte au-dessus des eaux*[9]. Il y a juste l'eau et au-dessus de l'eau flotte l'esprit de Dieu. C'est *avant la lumière.* Il n'y a pas encore de lumière! Et alors les rabbins disent: qu'est-ce que veut dire ce *flotte au-dessus des eaux?* Quel verbe si spécial! Ce *flotte*, ce n'est pas seulement un mouvement de vol. C'est un mouvement de survoler quelque chose. Et il survole ce qui *est* déjà, comme l'oiseau survole son nid. Par conséquent, *au commencement* était *la tendresse.* Elle *précède.* Et ensuite il y a la lumière.

[5] *Genèse* 1,1.
[6] *Jérémie* 2,3.
[7] *Proverbes* 8,23.
[8] Levinas, E., *L'au-delà du verset. Lectures et discours talmudiques*, Paris, Éditions de Minuit, 1982, p. 165, note 2: «On appelle Thora écrite les vingt-quatre livres du canon biblique juif et, dans un sens plus étroit, la Thora de Moïse: le Pentateuque. Au sens le plus large, Thora signifie l'ensemble de la Bible et du Talmud avec leurs commentaires et même avec les receuils et textes homilétiques dits Aggada». Une grande partie de la Thora se compose de lois, voir: Davies, W.D., Contemporary Jewish Religion, dans: Black, M., Rowley, H.H. (éd.), *Peake's commentary on the Bible*, London, Nelson, 1962, n° 617a.
[9] *Genèse* 1,2.

Et puis alors – je saute toujours – dans ce sens-là à une autre histoire de la Bible, à l'histoire d'un serviteur d'Abraham qui va chercher une femme pour Isaac.[10] Il va chercher la mère d'Israël. La femme d'Isaac est Rebecca, c'est la mère d'Israël. Et alors, il est génial ce texte, parce que le serviteur trouvait un *test* extraordinaire. La chose la plus étonnante, c'est le test! C'est la femme, qui dira: *«Je te donne à boire à toi, mais j'en donnerai aussi à vos chameaux»*, qui sera la femme d'Isaac.[11] Alors, le serviteur trouve Rebecca et elle répond: *«Je te donne à boire à toi, mais j'en donnerai aussi à vos chameaux»*.

Il y a deux versets dans la Bible pour les cadeaux que le serviteur lui donne.[12] Il lui donne une chose pour mettre dans le nez, qui pèse comme dit le texte, un *beca*, un demi-sicle.[13] Et, il lui donne deux bracelets, qui coûtent dix pièces d'or. Alors, un *beca*, c'est exactement le prix d'un Israélite quand on le compte et les *dix pièces d'or*, ce sont les dix commandements, c'est-à-dire le serviteur a reconnu que c'est le Sinaï. Le Sinaï était accompli ici. Le judaïsme désormais, c'est la vertu de donner à boire aux chameaux. C'est-à-dire à ceux, qui ne savent pas demander et qui de plus portent, comme on dit, toujours de l'eau! Ils n'ont pas besoin d'eau. Elle a abreuvé les chameaux.

Ce n'est pas tout. Le rabbin demande dans un autre texte: mais pourquoi est-ce qu'il le lui a demandé à *elle?* Alors il dit: parce que quand elle est sortie, les eaux des puits se sont élevées à sa rencontre. Ces fameuses eaux, qui étaient là *au commencement* et qui n'avaient pas de sens, ont pris un sens dans l'histoire de Rebecca, dans l'histoire éthique.

Je trouve cela extraordinaire cette histoire où les eaux étaient *l'être.* Elles n'étaient pas grand-chose. Elles précèdent la lumière. Mais dans cet acte de charité elles prennent un sens.

Il n'y a pas d'argent dans cette histoire. Mais c'est aussi dans mes textes, où on peut trouver que tantôt je parle de l'argent, tantôt je

---

[10] *Genèse* 14.

[11] *Genèse* 14,14.

[12] *Genèse* 14,22.

[13] Un *beca* ou un demi-sicle est probablement la monnaie d'argent la plus ancienne connue; un beca pèse 3,88 grammes en argent. Voir: Schofield, J.N., The geography of Palestine, dans: Black, M., Rowley, H.H. (éd.), *o.c.*, n° 36c.

prend le texte *boire et manger*. C'est la même chose. Il n'y a pas de différence. L'argent a un sens, une signification plus large.[14]

La vente et le prêt

Mais il y a des textes, surtout dans la confrontation avec Buber[15], où vous dites: ouvrir le porte-monnaie est quand même facile, mais vraiment faire quelque chose pour quelqu'un, l'héberger, le nourrir et le vêtir est beaucoup plus difficile!

Il faut tenir compte de tout ce que l'argent peut devenir. Finalement, c'est une chose commode. Dans les caisses d'épargne, vous savez très bien qu'avec la modalité actuelle de compter, l'argent devient plus abstrait, avec les cartes de crédit, etc. C'est une certaine réponse à tout le problème de l'argent qu'on prête à intérêt quand c'est anonyme, quand c'est une institution.

Vous savez quel est le sens de l'interdiction de l'intérêt? J'ai demandé cela à mon gendre, qui est un vrai comptabiliste – il est professeur de mathématiques à Rouen – et il m'a dit que ce n'est pas du tout l'interdiction du commerce. Le commerce, c'est votre propriété que vous vendez.

Le prêt est acte d'amitié et de fraternité. Et quand la fraternité se paie, c'est un scandale.

Il ne faut pas confondre la *vente* et le *prêt*. Le prêt est un geste d'amitié. Bien entendu dans le texte biblique il est limité à la communauté immédiate, à ce que P. Veyne appelle *la petite société*, mais pas à la société universelle, qui est le grand million. On ne peut pas transformer une fraternité en une question d'argent.

---

[14] Levinas parle ici de la signification conventionnelle du mot argent, pas au sein d'une relation de communauté (*socialité*), qui survient lors de l'arrivée d'une troisième, quatrième, etc. personne, mais au sein de la relation moi – l'autre. Dans cette relation, l'argent est une modalité du donner, de la *miséricorde*.

[15] Levinas, E., La pensée de Martin Buber et le judaïsme contemporain (1968), dans: Id., *Hors sujet*, Montpellier, Fata Morgana, 1987, p. 32-33; Id., A propos de Buber: quelques notes (1982), dans: ibid., p. 68; Id., Dialogue avec Martin Buber (1963), dans le recueil: Levinas, E., *Noms propres*, Montpellier, Fata Morgana, 1976, p. 54.

La fraternité est donc pour vous une catégorie éthique?

Éthique[16] et interhumaine!

Argent comme nécessité de calculer

Et l'argent est seulement un moyen?

Oui, là certainement l'argent est une aquisition de choses, un achat. Un achat est un acte. C'est aussi un acte éthique, certainement. Parce que finalement il est déjà réciproque, déjà supposant par conséquent une société organisée. Et cela est mon grand thème aussi.

Dans *Totalité et Infini*[17] j'emploie *justice* dans les deux sens. C'est un mot équivoque.

D'une part c'est la relation avec *autrui*, que j'appelais *responsabilité* et que j'appelle maintenant *miséricorde*. C'est un beau mot hébraïque *rahamim*[18] où il y a beaucoup de pitié là-dedans.

---

[16] Dans un entretien avec *L'Express*, Levinas disait:"Un moraliste, c'est un prédicateur. Celui qui prêche…». Voir: Levinas au nom d'autrui, dans: *L'Express*, 6.7.1990, p. 71. Pour Levinas, l'*éthique* est la base de laquelle peut être tirée une *morale concrète*. Voir: Descamps, C., Emmanuel Levinas (entretien), dans: Delacampagne, C. (éd.), *Entretiens avec le Monde, 1. Philosophies*, Paris, Le Monde, 1984, p. 143; Levinas, E., *En découvrant l'existence avec Husserl et Heidegger*, Paris, Librairie philosophique J. Vrin, 1967, p. 225, note 1: «Nous appelons éthique une relation entre des termes où l'un et l'autre ne sont unis ni par une synthèse de l'entendement ni par la relation de sujet à objet et où cependant l'un pèse ou importe ou est signifiant à l'autre, où ils sont liés par une intrigue que le savoir ne saurait ni épuiser ni démêler». Pour le mot *intrigue*, voir: Kovac, E., L'Intrigue éthique, dans: Greisch, J., Rolland, J. (réd.), *Emmanuel Lévinas. Éthique comme philosophie première. Colloque de Cerisy-la-Salle (le 23 août - le 2 septembre 1986)*, Paris, Éditions du Cerf, 1993, p. 177-192.

[17] Levinas, E., *Totalité et Infini. Essai sur l'extériorité*, La Haye, Martinus Nijhoff, 1961 (1ère édition), p. 222-223 (justice/responsabilité/bonté), p. 54-56 (justice/tiers).

[18] Voir dans ce contexte: Levinas, E., *Sans identité* (1970), dans: Id., *Humanisme de l'autre homme*, Montpellier, Fata Morgana, 1972, p. 94 et 110 note 6; Id., *Autrement qu'être ou au-delà de l'essence*, La Haye, Martinus Nijhoff, 1974, p. 95; Id., Les dommages causés par le feu (leçon talmudique) (1976), dans: Id., *Du sacré au saint. Cinq nouvelles lectures talmudiques*, Paris, Éditions de Minuit, 1977, p. 158; Id., La révélation dans la tradition juive (1977), dans: Id., *L'au-delà du verset*, p. 172; Id., Visage et violence première (Phénoménologie de l'Éthique). Une Interview (Hans Joachim Lenger) (1987), dans: Münster, A. (éd.), *La Différence comme non-différence. Éthique et altérité chez Emmanuel*

Justice n'est pas mauvaise non plus pour indiquer cela, mais seulement d'autre part, la *justice* apparaît, elle surgit sur moi lorsque apparaît le *tiers* et où apparaît par conséquent tout le thème de la division. La division, qui est très importante comme une possibilité de calculer la valeur. D'où l'autre signification de l'argent sur laquelle j'ai insisté déjà dans un texte très embrouillé que je n'ai jamais ramassé dans un receuil, c'est-à-dire *Le moi et la totalité*[19], où différentes choses viennent ensemble. Il n'est pas très clair... Je n'étais pas tout à fait jeune, mais j'étais plus jeune que maintenant!

Mais il y a tout de même dans ce texte, surtout dans la deuxième partie, l'idée qu'il peut y avoir un calcul, une *nécessité de calculer*. Et cela est la fonction positive de l'argent.

Cela apparaît quand il y a le tiers et quand, à partir du tiers, qui n'est pas tiers mais qui est milliard – toute l'humanité! – là il faut toute cette relation avec l'incomparable, avec *l'unique*, qui est la miséricorde, qui est l'amour aussi. Là il y a la nécessité de comparer, de comparer l'incomparable, d'introduire le calcul et par conséquent d'introduire tout le reste. Je pense que toute la Grèce est là. C'est de tout ça qu'Aristote parle déjà. Mais il ne dit rien de la modalité sous laquelle cette miséricorde peut être universelle.

Mais n'y a-t-il pas une grande différence entre la générosité et la magnificence dont Aristote parle et votre œuvre? Dans la générosité et dans cette magnificence il s'agit toujours de se montrer soi-même, tandis que dans votre œuvre il s'agit du souci pour l'autre?

Levinas, Paris, Éditions Kimé, 1995, p. 129-143, où Levinas parle de Dieu comme *miséricordieux*, *rachaman*, p. 141: «Dans le judaïsme, Dieu est toujours le miéricordieux – en hébreu *rachaman*, et cela désigne l'endroit où l'enfant est couché chez sa mère; Dieu est donc conçu ici comme une femme.»

[19] Levinas, E., Le moi et la totalité, dans: *Revue de métaphysique et de morale*, 59(1954), n° 4, octobre-décembre, p. 353-373. Toutefois, en 1991, Levinas a repris ce texte dans le recueil: *Entre nous. Essais sur le penser-à-l'autre*, Paris, Éditions Bernard Grasset & Fasquelle, 1991, p. 25-52. Dans la traduction néerlandaise, l'article avait déjà été repris sous le titre *Het ik en de totaliteit* dans le recueil soigné par Ad Peperzak, *Het menselijk gelaat*, Ambo, Bilthoven, 1969, p. 108-135, et dans la traduction anglaise sous le titre *The Ego and the Totality* dans le recueil soigné par Lingis, A., *Collected Philosophical Papers*, Phaenomenologica 100, Dordrecht/Boston/Lancaster, Martinus Nijhoff Publishers (Kluwer), 1987, p. 25-45.

Absolument! Avec l'apparition du tiers il faut passer à un autre ordre. J'ai même dit dans cet article, *Le moi et la totalité*, qu'il s'agit de la *première violence*[20] dans la charité. La première violence ...

C'est le tiers qui est oublié?

A partir de la société, la violence est toute la constitution de l'État et de la politique, parce qu'il faut diviser, il faut partager, il faut savoir ce que A fait à B, ce que B a fait à A. Moi aussi j'entre aussitôt dans ce cercle difficile, où cette fameuse *dissymétrie* – c'est une thèse de Dostoïevsky[21] – disparaît. Et par conséquent, il y a – c'est le *deuxième* moment – la première violence et toutes les violences de l'État. D'abord c'est une loi, c'est la *justice*. Seulement – je souligne toujours – une justice qui est *née* de la charité. Cela est la violence qui est née de la charité.

Cela ne veut pas du tout dire que la charité est à partir de ce moment-là effacée. C'est la justice européenne. Dans notre conscience d'Européens on vit encore toujours la vie de la Bible. C'est qu'il faut toujours une meilleure justice. Une justice qui n'est jamais régime définitif. Il y a une justice meilleure que la justice et où il y a un *deuxième* moment, à mon avis très important aussi, une justice laquelle chacun peut *inventer* par son *unicité* d'*élu*, qui est chaque moi. Vous savez, c'est une chose terrible que chaque moi est 'individué' comme élu. Dès par sa responsabilité et par cette unicité d'élu – je n'ai pas peur de ce mot, qui est principe d'*individuation* – il est celui qui doit répondre, qui ne peut pas dire à une deuxième personne de répondre à sa place. Élection comme principe d'individuation, c'est son rôle.[22]

---

[20] L'article parle plutôt de *«première injustice»*. Voir: Levinas, E., *Entre nous*, p. 41; voir par contre *violence première*, dans: Emmanuel Levinas: visage et violence première (phénoménologie de l'éthique), dans: Münster, A., (ed.), *o.c.*, p. 142: *la justice est violence première*.

[21] Propos fréquemment repris par Levinas de Dostoïevsky, F.M., *Les Frères Karamazov*, Livre VI, Chapitre II, a): «... *Nous sommes tous coupables de tout et de tous devant tous, et moi plus que les autres.*» Ces paroles sont répétées par Dostojewski à plusieurs reprises au même endroit sous les sections c), d) et sous une forme légèrement différente dans le Livre XI, Chapitre IV: «...*et nous sommes tous coupables envers eux».*

[22] Voir e.a.: «Que dirait Eurydice?» Emmanuel Levinas en conversation avec Bracha Lichtenberg-Ettinger, dans: *Barca! Poésie, politique, psychanalyse*, 1997, n° 8, mai, p. 216:

Il faut trouver ce que la justice ne trouve pas. Si on trouvait un principe universel, indépendant de mon unicité, ce serait une nouvelle règle de justice. C'est cela probablement à proprement parler ce qu'on appelle le moment d'amour et d'engagement personnel. C'est le fait que chaque cas individuel est irréductible aux autres cas, *malgré* la justice. Et c'est pour cela que chez Aristote aussi, il y a un moment dans la description de la *générosité*, où il emploie ce mot *s'oublie*.[23] C'est même une contradiction, parce qu'il ne faut pas que le généreux *s'oublie*. C'est un être raisonnable! C'est un thème bizarre, l'oubli de soi, c'est-à-dire l'amour. L'amour, c'est s'oublier.

Donc, sur le plan général, vous êtes plutôt d'accord avec l'analyse d'Aristote?

Oui, sur ce point-là, parce que le reste chez Aristote est toujours le généreux, qui sait qu'il donne et qui sait à qui il donne. Il possède l'*art* de donner.[24] L'art de donner a quelque chose d'esthétique. Il y a une *belle* manière de faire ça! Cela reste art tout le temps, alors que je ne crois pas du tout que la justice, que la charité est tenue à cela.

Argent: justice et charité

L'art de donner, cela semble être une attitude de supériorité chez Aristote?

Oui, par contre, je pense qu'il y a dans l'idée de la charité le fait qu'elle n'est pas entièrement satisfaite par la justice. Nous vivons

«Ma tentative de situer l'unicité de l'être, le pouvoir de dire 'je' dans la responsabilité à l'égard de l'autre – ça c'est le cœur de ma philosophie. Je ne pense pas spécialement contester l'idée de l'âme ou de la pensée, mais j'insiste sur cet être exceptionnel de l'humain.»

[23] Aristote, *Éthique de Nicomaque*, Paris, Garnier-Flammarion, 1965, Livre IV, Ch. 1, p. 18.

[24] Une remarque similaire peut être trouvée chez Kant, I., *Die Metaphysik der Sitten* (1797/1798), Frankfurt am Main, Suhrkamp, 1991 (9), Werkausgabe Band VIII (W. Weischedel), p. 590 (Tugendlehre. Ethische Elementarlehre, § 31).

cela constamment. Je dirai même que c'est le fait que ce n'est jamais arrêté, qui est le propre, qui *distingue*, disons, la justice publique de la tentation de faire *un-régime-de-justice*, qui est surtout définitif. Toutes les tentations, le stalinisme par exemple, c'est cela. C'est non pas *laisser la justice dans son permanent renouvellement*.

C'est l'oubli de votre idée que la justice est née précisément dans l'amour!

C'est cela! Dans le marxisme il y a l'amour. Mais à cause du stalinisme on ne peut plus parler de marxisme. J'ai fait un entretien avec le groupe d'Aachen, qui est repris par une petite revue qui paraît là-bas en plusieurs langues et par *Esprit*[25], mais ils ont supprimé la ligne où j'ai dit qu'*il y a de l'amour dans le marxisme!* La formule que j'emploie pour avoir un régime c'est qu'il y a la *rigueur*, qui est violence, *déduction* jusqu'au bout et *administration*. C'est cela les trois moments d'un régime. Par conséquent, finalement c'est tout à fait blâme.[26]

Un État libéral[27] est l'État où la justice n'est pas complète, où il y a toujours le problème de la justice renée, recherche toujours d'une meilleure justice. Moi je pense à la Bible: il y a toujours le *prophète* qui est là. C'est le prophète qui vient dire au roi que cela ne tient pas. La mise en question de l'acte politique juste même, en parlant comme *juste*. Et alors probablement dans la société libérale, dans un État libéral, il y a certainement l'action de la presse, la possibilité pour l'individu de dire quelque chose qui ne convient pas, sa *conscience* comme on dit toujours.

---

[25] Philosophie, justice et amour. Entretien avec Emmanuel Levinas (Propos recueillis par R. Fornet et A. Gomez, le 3 et 8 octobre 1982), dans: *Concordia* (Revista Internacional de Filosofia – Revue internationale de philosophie – Internationale Zeitschrift für Philosophie), 1983, n° 3, p. 59-73. Traduction allemande par H.-J. Reuther: Phiolosophie. Gerechtigkeit und Liebe. Ein Gespräch, dans: *Concordia*, 1983, n° 4, p. 458-62. Aussi en français dans: *Esprit*, 1983, n° 8-9, p. 8-17. Repris dans le recueil: Levinas, E., *Entre nous*, p. 121-139.

[26] Voir e.a.: Levinas, E., *De Dieu qui vient à l'idée*, Paris, Librairie philosophique J. Vrin, 1982, p. 83-84.

[27] Avec le mot *État*, Levinas se réfère à la '*polis*' aristotélicienne; avec *État libéral*, il se réfère à l'État non-totalitaire.

Mais à côté du problème de l'argent, qui est très important, vous vous posez constamment la question, qui intéresse les caisses d'épargne, *la valeur de l'épargne*, n'est-ce pas? Cela n'a jamais été mon thème. Ma première réponse est que c'est une institution de l'*État*. Je sais que les caisses d'épargne sont privées, mais je veux dire que dans *l'État* il faut tout cela. C'est déjà le niveau du tiers. Et la seule chose qu'on peut demander, c'est qu'on se rappelle qu'on n'enterre pas la charité dont la justice est sortie.

Souvent on se pose comme banquier la question si tel ou tel acte est juste. On peut, par exemple, quand un client demande un prêt se demander si le niveau de l'intérêt et l'effort qu'il doit faire pour rembourser ce prêt n'est pas au-dessus de ses capacités. Il est possible de personnaliser d'une certaine manière ses actes comme banquier, de tenir compte du visage[28] *de l'autre, du client avec qui on fait du commerce. Mais quand même, quand on travaille chaque jour dans une banque, il n'est pas possible de se demander tout le temps si on ne fait pas des choses qui ne sont pas tolérables du point de vue éthique. Voilà un problème éthique très réel qui se pose à un banquier.*

Je n'en doute pas, parce que la *justice* est aussi une chose très importante. Ce que veut dire que du fait que vous tenez compte du visage de l'un, vous oubliez le visage de l'autre. Cela peut avoir des répercussions graves. C'est même pour cela que finalement toutes les sanctions contre les criminels et contre la violence se justifient.

---

[28] Voir e.a.: Levinas, E., *Éthique et Infini. Dialogues avec Philippe Nemo*, Paris, Librairie Arthème Fayard/Radio-France Culture, 1982, p. 90 «Il y a d'abord la droiture même du visage, son exposition droite, sans défense. La peau du visage est celle qui reste la plus nue, la plus denuée. (...) Le visage est exposé, menacé, comme nous invitant à un acte de violence. En même temps, le visage est ce qui nous interdit de tuer»; *Totalité et Infini*, p. 240: «Tout le corps peut comme le visage exprimer, une main ou une courbure d'épaule.» Voir aussi: *De l'oblitération. Entretien evec Françoise Armengaud à propos de l'œuvre de Sosno*, Paris, Éditions de la Différence, 1990, p. 20: «Sans bouche, ni yeux, ni nez, le bras ou la main de Rodin sont déjà visage. Mais les nuques des gens qui font la queue devant le guichet de la Loubianka à Moscou pour y transmettre lettres ou colis aux parents ou amis – arrêtés par le Guépéou, selon *Vie et destin* de Vassili Grossmann – nuques qui expriment encore pour ceux qui, dans la file d'attente les regardent, angoisse, inquiétudes, larmes, sont – mais autrement – visages oblitérés.»

Moi j'ai beaucoup admiré dans le gouvernement qui vient de partir[29] la suppression de la peine de mort[30], ce qui exaspère la droite. La première chose qu'elle voudrait établir maintenant c'est la peine de mort et cette idée de l'ancien ministre de la Justice, Badinter, qui a dit que dans la prison il faut des postes de télévision! Il a estimé que tout en étant condamnés, ils sont encore des personnes humaines.

Mais après tout, vous n'êtes pas contre le prêt à intérêt?

Non, non, certainement pas, c'est institutionnel!

Le malheur des anges: ils n'ont pas d'argent!

Mais quand je peux prêter, vendre ou donner quelque chose à quelqu'un, c'est toujours une question de porte-monnaie, c'est parce que j'ai quelque chose de trop. N'y a-t-il pas là toujours un point de départ d'injustice?

Il faut bien distinguer la vente et le prêt. La *vente* est une *propriété* qui est *cédée*. Alors que le *prêt* est une *chose* quelconque qu'on *rend*. C'est vendre, mais il faut le rendre! *Initialement* le prêt est un acte entre frères, un acte fraternel. Cela, j'ai toujours beaucoup aimé.

Et pour le *don*, il y a des métaphysiciens qui disent que donner, c'est donner ce qu'on n'a pas. On ne donne qu'avec amour, ce qu'on n'a pas. Ce n'est pas ce qu'on me prend, n'est-ce pas? Écoutez, vous trouvez dans mes textes, le texte: «*Vous donnez le pain de votre bouche*».[31]

---

[29] Après les élections du 16 mars 1986, le gouvernement de gauche du Premier ministre Laurent Fabius a été remplacé, par décret du 20 mars 1986 du président François Mitterrand (PS), par un gouvernement de droite sous la direction du Premier ministre *Jacques Chirac* (RPR).

[30] Le Conseil des ministres sous la direction du Premier ministre Pierre Mauroy (PS) a adopté le 26 août 1981 le projet de loi du ministre de la Justice Robert Badinter concernant l'abolition de la peine de mort; le 18 septembre s'ensuivait son approbation par le Parlement (369 voix contre 116) et le 30 septembre par le Sénat (160 voix contre 126). Au Parlement, quelque quarante députés de droite, un quart de l'opposition, parmi lesquels le gaulliste de droite *Jacques Chirac* (!), ont également voté l'abolition de la peine de mort.

[31] Voir e.a., Levinas, E., *Autrement qu'être ou au-delà de l'essence*, p. 97.

C'est le fait que nous sommes des humains et pas des esprits?

Je n'ai jamais compris comment les anges s'aiment! Je n'aime pas beaucoup les anges, vous savez, cela ne me paraît pas beaucoup sérieux. Vous me permettez encore un *midrach*?[32] Un *midrach* tout à fait célèbre. Il est dans le *Talmud*.[33]

Quand Moïse monte le Sinaï pour recevoir la *Thora*, c'est une grande révolution là-haut.[34] Les anges se disent: comment, cette chose précieuse que garde la Trésorerie de Dieu de toute l'éternité, comment, Dieu la donne à des hommes d'en bas! Alors Dieu dit à Moïse: réponds-leur! Mais alors il y a toute une scène car Dieu le protège en même temps, parce que Moïse a peur d'être brûlé par les anges. Il le protège. De prime d'abord c'est tout à fait simple, une histoire ordinaire. Et Moïse dit aux anges: «Est-ce que vous vous mariez?» – Ah, non … «Il y a les lois de mariage là-dedans!» «Est-ce que vous prêtez?» – Non … «Il y a les lois sur les prêts là-dedans!» C'est toute une législation humaine, vraiment humaine, n'est-ce pas? Et alors, les anges cèdent. Ils sont convaincus, comme s'ils avaient compris que le vrai Dieu de l'esprit c'est entre hommes et non pas entre anges!

Si vous voulez, c'est, en quelque manière, la corporéité. L'incarnation de l'esprit humain a un *sens*, parce que c'est là, qu'il y a

---

[32] Littéralement, *midrach* signifie *examen* ou *interrogation* du texte de l'Ecriture. Voir, Burggraeve, R., *Mens en medemens, verantwoordelijkheid en God. De metafysische ethiek van Emmanuel Levinas*, Leuven/Amersfoort, Acco, 1986, p. 552; Levinas, E., *L'au-delà du verset*, p. 162. Levinas parle d'*exégèse de l'Ancien Testament* (ibid., p. 162), ou encore de '<sollicitation de> la lettre du texte pour rechercher, par-delà le sens obvie, le sens caché et allusif' (ibid., p. 185).

[33] Levinas, E., *L'au-delà du verset*, p. 21, note 1: «Le Talmud est la version écrite des leçons et des discussions des docteurs rabbiniques qui enseignaient en Palestine et en Babylonie dans les siècles qui précédèrent le commencement de notre ère, docteurs qui continuaient probablement d'antiques traditions». Voir aussi: Levinas, E., *De l'écrit à l'oral* (préface), dans: Banon, D., *La lecture infinie. Les voies de l'interprétation midrachique*, Paris, Éditions du Seuil, 1987, p. 7-8.

[34] Voir aussi: Poorthuis, M., *Het gelaat van de Messias. Messiaanse Talmoedlezingen van Emmanuel Levinas*, Hilversum, B. Folkertsma Stichting voor Talmudica, 1992, p. 107; Levinas, E., *Difficile liberté. Essais sur le judaïsme* (1963), Paris, Albin Michel, 1976, deuxième édition refondue et complétée, p. 30; Id., *Hors sujet*, p. 56-57, 68; Entretiens avec Emmanuel Levinas (propos recueillis par Jean-Yves Leloup), dans: Id., *Civilisations et transmission de la connaissance* (second Colloque de l'Institut pour la Rencontre et l'Étude des Civilisations), Saint-Zacharie, 1985, p. 92.

besoin, c'est là, qu'il y a la possibilité d'amour et la souffrance, où il faut précisément revenir sur ce que vous disiez du porte-monnaie et sur la suppression de la peine de mort.

Est-ce qu'on peut revenir sur l'argent? Pour un banquier recevoir des dépôts d'épargne et donner des crédits, c'est exercer sa profession. C'est autre chose que la fraternité. Mais pour les épargnants, est-ce qu'on ne peut pas dire que l'épargne peut être, par exemple, très importante pour garder son autonomie quand on est vieux. Ne pensez-vous pas que l'épargne a aussi un sens vraiment humain et juste?

En fait l'épargne a un sens très impératif. Je ne veux pas tomber à charge de l'humanité![35] Mais tout cela, ce sont des mouvements où il y a le *tiers*. C'est le rôle du tiers. Cela *présuppose* cette humanité, qui se définit par le *pour-l'-autre*, qui est un *donner*.[36]

Est-ce qu'on peut dire que, sur le plan du tiers, l'économie, c'est le souci pour l'autre?

A partir du tiers, l'économie, c'est une organisation. L'humanité, dans sa totalisation, prise dans sa totalité humaine, c'est certainement par l'économie que les hommes s'additionnent. L'idée de totalité maintient sa force. Ce n'est pas du tout uniquement le regard du *transcendental*, qui les embrasse. Cela se joue d'abord dans cette interdépendance humaine, dans le travail en particulier et dans l'achat et la vente. C'est cela la totalité économique. C'est un ensemble.[37]

---

[35] La même pensée peut être retrouvée chez Kant, I., *Die Metaphysik der Sitten* (1797/1798), p. 590 (Tugendlehre. Ethische Elementarlehre, § 31, Kasuistische Fragen).

[36] Pour l'idée de Levinas à propos du donner et de la relation avec l'argent, voir: *Totalité et Infini*, p. 48: «Reconnaître Autrui, c'est reconnaître une faim. Reconnaître Autrui – c'est donner.» Et le don, c'st «l'abolition de la propriété inaliénable. La présence d'Autrui équivaut à cette mise en question de ma joyeuse posession du monde. (…) Ce désaississement initial conditionne l'ultérieure généralisation par l'argent» (ibid.).

[37] En travaillant – en transformant le monde en nourriture, maison, instrument – l'homme produit des *œuvres*. Cette objectivité de l'œuvre, où l'homme s'extériorise et se retire en même temps, rend possible l'échange économique. Voir: *Totalité et Infini*, p. 151: «Les œuvres ont une destinée indépendante du moi, s'intègrent dans un ensemble d'œuvres: elles peuvent être échangées, c'est-à-dire se tiennent dans l'anonymat de l'argent.»

L'ambiguïté de l'argent comme problème des caisses d'épargne

C'est là que l'argent joue un rôle intermédiaire, médiateur?

Son rôle est énorme, parce que c'est à travers l'argent, que, si vous voulez, les choses perdent leur substantialité morte. Elles deviennent marchandises. Cela, je l'ai écrit dans l'article *Le moi et la totalité* dans quelques pages très lisibles. L'argent, c'est *la possession de la possession*[38], mais en même temps la chose est toujours achetée et vendable, c'est-à-dire pas du tout donnable, mais donnable aussi. Seulement, la chose perd son poids de ma possession. Et dans ce sens-là, elle est désubstantialisée par l'argent, qui la représente et qui est en circulation toujours. Ainsi l'organisation de l'échange de l'argent se joue au niveau de l'État, puisqu'il y a toujours le tiers et l'universalité puisqu'il faut le nombre.

C'est une approche vraiment très positive de l'argent. Quand on lit vos textes ultérieurs ...

Mais, écoutez, l'argent est aussi le *mammon*. C'est là que l'argent est avidité, que l'argent devient la recherche de la puissance et de la cupidité. C'est l'ambiguïté de l'argent.

Vous voyez, même à travers la société organisée, il y a la possibilité pour le moi de *s'affirmer*. C'est une ambiguïté essentielle: c'est à la fois le mammon et c'est en même temps l'*aumône*! L'ambiguïté, c'est le problème des caisses d'épargne, n'est-ce pas?

Mais, qu'est-ce qu'il faut penser du don forcé? Par exemple, quand il faut donner par la force de l'État, ce que sont les impôts? Certains disent que de ce fait il n'y a plus moyen de donner librement!

Cela est très difficile, vous savez. Les impôts, c'est légitime. Il y a la loi. Toute notre vie est légale. Il ne faut pas constamment se demander si une loi est légitime. La loi est née de la charité.

---

[38] Levinas, E., Le moi et la totalité, dans: Id., *Entre nous*, p. 51: «Ce qui est possédé dans l'argent, ce n'est pas l'objet, mais la possession d'objets. Possession de la possession, l'argent suppose des hommes disposant de temps, présents dans un monde qui dure au-delà des contacts instantanés, hommes qui se font crédit, qui forment une société.»

Mais, à côté de cela, il y a la question de la légitimité des impôts: est ce qu'on ne paie pas trop d'impôts? Il peut y avoir une justice aussi dans les impôts. Trop d'impôts c'est quand ils sont disproportionnés, quand ils ne sont pas bien calculés. On peut très bien concevoir trop d'impôts, comme a fait le nouveau gouvernement chez nous, qui vient de dire: «Voyez, vous avez tout ce que vous voulez!» Et ... les gens vont un peu licencier qui on veut pour que le commerce marche. Théoriquement cela va très bien et cela profite aussi indirectement à ceux qui chôment et qui n'ont pas de places. Par conséquent, l'organisation est discutable. Mais elle *peut* être discutée – c'est une question de principe! –: quelle doit être l'étendue de l'État? Quel est le rôle de l'État?

Vous voyez très bien qu'il y a la possibilité d'un État totalitaire où tout est calculé d'une manière définitive. Je ne sais pas si vous connaissez l'œuvre de – je cite cela tout le temps! – de Vassily Grossman de quelques huit cent pages.[39] Dans la vie politique il y a des événements, qui modifient la façon de comprendre la légitimité. C'est par exemple, la déseuropéanisation de l'Europe sous Hitler et Staline. C'est aussi une humanité qui a vécu Auschwitz. Dans ce livre de Grossman – c'est pourquoi je le cite, car il y a là une chose particulière – il y a finalement l'organisation, cette fameuse organisation dont je parlais avec l'apparition du tiers. Cela est *l'État de Grossman*, c'est *l'État de l'organisation*, ce que j'appelle *ce qui apparaît à partir du tiers* et *l'État en puissance*. Ce n'est pas tout de suite l'Europe et même pas le Saint Empire romain. D'après Grossman, fatalement, cette organisation va vers la *déshumanisation*.

Écoutez, il y a un mot terrible chez lui. Il dit: quand le Christ *parle*, c'est l'événement le plus grand de l'histoire de l'humanité; quand il *prêche*, il y a déjà la première organisation. Grossman dit: il y a toutes les guerres entre les églises, toutes les mésententes entre protestants et catholiques, toutes les mésententes en Russie soviétique et vous l'aviez aussi autrefois entre un ancien régime

---

[39] Grossman, V., S., *Vie et destin*, roman traduit du russe par Alexis Berelowitch avec la collaboration de Anne Coldefy-Faucard, préfacé part Efim Etkind, Lausanne, Éditions L'âge d'homme (1980), puis Paris/Lausanne, Julliard:L'Age d'Homme (1983), publication en format de poche par Presses Pocket, 1987.

d'orthodoxie et un nouveau régime, avec toutes les guerres que cela comporte. Il n'y a rien à faire! N'y a-t-il vraiment rien à faire?… Si, il y a la *bonté*! La bonté demande. Alors, cette bonté, ce qu'il y a de plus terrible, de plus extraordinaire dans l'histoire de cette décomposition que l'Europe a vécue, c'est que la petite bonté n'a pas vaincu, mais n'a pas été vaincue non plus. Tout le roman de Grossman est bâti autour de cette idée. En dehors de ce qu'il y a de reportable, – c'est un reportage de choses extraordinaires, sur la vie des camps – il y a tout de même une fable. C'est une fable de bonté. Des événements de bonté se produisent là – non pas comme dans un livre pour enfants où la bonté est toujours mystérieuse. Il y a dans toute cette *gravité*, des actes de bonté. Et cela se termine sur l'histoire suivante.

Stalingrad est défendue, les Allemands sont chassés et ils sont obligés, les prisonniers allemands, de vider les caves qui se trouvent sous la *Gestapo*. Et ce sont les prisonniers, qui sont obligés de sortir de ces caves les cadavres. Ce n'est pas appétissant, vous savez! Ils sont tenus à cela. Alors, il y a là un officier. C'est aussi un prisonnier. Il a mis une serviette autour du nez. Il est le plus malheureux là-dedans. Et tous les Russes lui jettent des phrases de méchanceté. Il y a là une femme qui est particulièrement méchante et puis alors elle sort de sa poche un morceau de pain et le lui donne.

Cela est absolument dramatique. Elle est la plus malheureuse et la plus méchante. Mais voilà à quoi elle aboutit! Alors, dans tout cela il n'y a pas du tout l'idée du tiers et de la justice. Et c'est pour cela que j'ai cherché toujours ce que j'appelle *cette justice derrière la justice*, qu'il *faut*, dans un État libéral, prendre au sérieux.

Cela veut dire aussi que dans un État libéral il y a de la place pour des caisses d'épargne, des banques, qui travaillent d'une manière professionnelle avec l'argent et qui réalisent aussi des bénéfices. Sinon on arrive à un système, comme en Russie, où il n'y a plus de motivation et où les personnes ne se retrouvent plus dans l'organisation.

Sur ce point-là, il n'y a pas de problèmes! C'est ce que vous avez dit tout à l'heure sur l'existence d'une institution de prêt, qui donne même des prêts à intérêt, qui ne reconnait personne mais qui regarde les visages des gens qui entrent, où *l'administration* est toujours freinée. Bien sûr, quand on fait cela trop, on risque aussi de mettre en danger l'institution...[40]

Œil pour œil, œil pour argent

Sur le plan de l'organisation du commerce, il y a aujourd'hui toute une littérature concernant les coopératives et les entreprises, qui cherchent à faire participer les clients à la gestion, comme par exemple dans les caisses d'épargne françaises. Il y a donc une possibilité d'organiser l'économie où on essaie de le faire d'une façon plus juste. Et cela ne doit pas se produire nécessairement au niveau de l'État où vous situez surtout le problème du tiers.

Écoutez, *État*, je prends cela d'une manière générale. L'État moderne a donné naissance à des choses privées, des choses particulières, plus proches. Mais cela est tout à fait en dehors de ma préoccupation. Je n'ai jamais fait d'économie politique. Je monte toujours vers les catégories, vers les mouvements premiers, vers les gestes premiers. On peut certainement étudier de très près l'histoire de l'économie. J'ai reçu ce livre magnifique sur l'épargne[41], que vous m'avez envoyé, où il y a de très belles images de tirelires! Moi j'ai lu cela. L'auteur parle exactement sur le thème, qui vous préoccupe.

Ma perspective est beaucoup plus générale. Dans l'argent, c'est d'abord la *divisibilité,* parce que là il y a un événement sur lequel je veux revenir tout de même. Dans cet *ordre-*là, dans cette

[40] Levinas se réfère ici aux limites entre le premier niveau, le moi – l'autre, où il s'agit d'un *acte fraternel (charité)* et le deuxième niveau, celui de l'état, où il s'agit d'un *acte institutionnel (justice)*. Levinas en donne un bel exemple, emprunté au *Traité Sanhedrin*, dans: *L'au-delà du verset*, p. 129, note 1: «Le juge a prononcé son jugement, il a acquitté l'innocent et il a condamné le coupable, et il s'est aperçu que c'est le pauvre homme qui doit payer et il a alors remboursé ce dernier sur son argent personnel. C'est cela, justice et charité...». Voir aussi: Snaith, N.H., Leviticus, dans: Black, M., Rowley, H.H. (éd.), *o.c.*, n° 214c.

[41] Thurn, H.P., *L'Histoire de l'épargne. De l'antiquité à nos jours*, Paris, Éditions de l'Épargne, 1984 (trad. A. Plessis).

totalité où il fonctionne, *l'homme* lui-même n'est pas seulement celui qui dépense, celui qui économise, celui qui reçoit ou celui qui donne, mais aussi celui qui est *acheté*. C'est extrêmement important.

L'homme devient aussi une marchandise et dans le salaire – c'est cela que Marx tout de même a dit, que le salaire n'est pas du tout une petite récompense – l'homme est *acheté*. C'est l'objectivation, c'est certain. Alors cela évidemment, c'est un scandale. Déjà, dans la loi primitive[42], qui n'est pas le *talion*[43], il y a cette chose extraordinaire de l'humain: le crime doit être sanctionné pour qu'il ne soit pas une chose admise. Alors, il y a le *talion*, qui exprime avant tout le fait qu'une vie humaine est un *absolu*. Il n'y a pas de réparation possible pour une vie humaine.

Même pas par l'argent?

Attendez, vous n'allez tout de même pas, sous le prétexte que l'homme est *irrestituable*, le tuer, sauf lorsque c'est exigé par le tiers d'une manière absolue – pas du tout dans l'ordre moral, mais dans l'ordre politique. Cela on le comprend très bien. Mais même l'État, quand il cherche une meilleure justice, il cherche un *rachat* au sens propre du terme. Et çà et là il y a des textes talmudiques qui suppriment la loi du *talion* et qui le maintiennent dans ce cas-là où il faut voir ce que l'homme vaut au point de vue de marchandise.

C'est donc une fonction de l'argent?

Attendez, il ne faut pas qu'il y ait des malentendus. Le *meurtre* est très grave. Pour le meurtre il y a des cas exceptionnels, si c'est

---

[42] Levinas ne pouvait pas se rappeler le nom de la loi; il se référait probablement à l'ancienne loi de la vengeance, qu'on ne peut identifier nullement avec la *lex talionis*, qui figure déjà dans l'ancienne loi amoritique, sur laquelle sont fondées les anciennes lois hébraïques. Voir: Snaith, N.H., Leviticus, dans: Black, M., Rowley, H.H. (éd.), *o.c.*, n° 214c.
[43] La *lex talionis* est formulée dans *Le Lévitique* 24,17-22 et contient le passage célèbre, '*œil pour œil, dent pour dent*'. Voir e.a.: Levinas, E., La loi du talion (1963), dans: Id., *Difficile liberté* (1976), p. 194-196. Pour l'importance que Levinas attache à la *lex talionis*, voir: Burggraeve, R., *De bijbel geeft te denken. Schepping. Milieu. Lijden. Roeping. Gods passie en de ander. Vergeving. Bevrijding van de ethiek. In gesprek met Levinas*, 1986, Leuven/Amersfoort, Acco, 1991, 1996 (6ème édition), p. 354.

possible. Mais pour la loi du *talion* quand il s'agit que vous avez crevé l'œil de quelqu'un, ou que vous avez cassé un bras à quelqu'un, quand vous avez touché à la personne humaine dans son corps, alors là, c'est la loi même: il faut payer.

C'est fait d'une manière extraordinaire dans le talion, parce qu'il faut payer ce que cela vaut au point de vue marchand, ce que cela représente comme *force*. Premièrement, il n'a pas un œil, il est payé moins maintenant; deuxièmement, il faut lui payer aussi sa sécurité sociale, cela veut dire, ce que coûte la guérison, le médecin; troisièmement, il faut payer ce qu'il perd pendant qu'il est au lit, il ne peut pas travailler, même au prix diminué; quatrièmement, il faut payer ce qu'il a souffert et la cinquième chose, il faut lui payer le fait qu'il est moins beau, que son honneur est lésé aussi! J'ai trouvé assez étonnant d'abord ce souci de cette catégorie – c'est uniquement en France que cela se fait maintenant! Mais d'autre part on calcule cela d'une manière un peu simple.

Cela se trouve dans les commentaires mêmes du texte du chapitre d'*Exode*[44] de la Bible. On raconte là comment cela se passe. Là, il y a la fonction *maudite* de l'argent. Le fait que l'homme est *vendu*, est une manière de rétablir, de ne pas appliquer cette obligation. J'ai eu un maître extraordinaire[45], qui avait là une question d'avocats, qu'on ne dit pas directement! Pourquoi est-ce qu'on dit *œil pour œil*, si *œil pour œil* signifie *argent*? Alors, il répondait: parce que même si on a payé de l'argent, tout de même rien n'est effacé. C'est parce que celui qui a beaucoup d'argent peut crever les yeux de tout le monde! Il était cynique, il disait toujours: Rothschild peut crever les yeux de tout le monde.

Ici en tout cas, l'argent joue un rôle immense déjà. De cette fonction de l'argent, comme possibilité d'une nouvelle justice, j'ai parlé très prudemment dans mon article *Le moi et la totalité*.[46]

---

[44] *Exode* 26,12-27.
[45] Levinas parle ici de son maître rermarquable et énigmatique de Talmud, Chouchani. Voir: Lescourret, M.-A., *Emmanuel Levinas*, Paris, Flammarion, 1994, p. 142-143; Malka, S., *Monsieur Chouchani. L'énigme d'un maître du XXe siècle. Entretiens avec Elie Wiesel suivis d'une enquête*, Éditions Jean-Claude Lattès (France), 1994, p. 111-114.
[46] Repris dans: Levinas, E., *Entre nous*, p. 51-52.

L'homme comme créancier de Dieu

Dans votre commentaire de l'article de Paul Claudel[47], vous le rejoignez dans une image de Dieu comme créancier.[48] Est-ce que vous pouvez éclairer cela un peu plus?

Là, il y avait un malentendu! Je dois vous dire quelque chose. D'abord, *Difficile liberté* est *préconciliaire*. Regardez la date![49] Je suis très sensible à *Nostra Aetate*.[50] J'ai confiance dans le pape d'aujourd'hui[51], comme dans le pape Jean XXIII, qui a inventé le concile. Je n'ai jamais dit que j'aborde *Dieu* en *créancier*. Si, je l'ai dit, mais cela ne signifie pas que j'aborde Dieu *comme* un créancier. C'est pire, *moi*, je suis son créancier. Le texte – l'histoire de Yossel ben Yossel[52] – auquel vous vous référez, est arrivé à un créancier,

---

[47] Claudel, P., Le peuple élu est-il un peuple d'argent? – Une lettre de Paul Claudel sur les juifs, dans: *Le Figaro Littéraire*, le 10 mars 1951, p. 1 et 4.

[48] Levinas, E., Aimer la Thora plus que Dieu (1955), dans: Id., *Difficile liberté* (1976), p. 193: «*aborder son Dieu* en *créancier*».

[49] La première édition date de 1963. Une deuxième édition «*refondue et complétée*» a paru en 1976.

[50] *Nostra Aetate* est la déclaration du Concile Vatican II sur l'attitude de l'Église catholique à l'égard des religions non-chrétiennes et laquelle a été approuvée le 15 octobre 1965 par le *Deuxième Concile du Vatican*, sous le pontificat de Paul VI. Pour le texte complet, voir, *Keesings Historisch Archief*, 1966, p. 77/1 et suiv. Voir aussi: Levinas, E., *Difficile liberté* (1976), p. 287. Le 4 janvier 1975, le quotidien du Vatican *L'Osservatore Romano* a publié les *Directives et Suggestions pour l'Application de la Déclaration du Concile Nostra Aetate*.

[51] Jean-Paul II, voir: Lescourret, M.-A., *o.c.*, p. 294-303.

[52] Dans l'article *Aimer la Thora plus que Dieu* Levinas commente un texte d'un auteur considéré par lui (et par beaucoup d'autres) anonyme, paru dans la revue sioniste parisienne *La Terre retrouvée*, sous le titre *Yossel, fils de Yossel* (c'est-à-dire Yossel ben Yossel) *Rakover de Tarnopol, parle à Dieu*. Une partie de ce texte peut être retrouvée dans: Levinas, E., *Het menselijk gelaat*, p. 208-209, suite de la p. 55. Pour l'histoire vraie concernant l'auteur pas du tout anonyme, c'est-à-dire le juif Zvi Kolitz, né en Lituanie et vivant en New York, et le texte originnal en anglais «Yossel Rakover's Appeal to God» (après traduit et adapté en Yiddish par un juif argentin, et traduit – et de nouveau adapté – du Yiddish en français par Arnold Mandel, le texte finalement commenté par Levinas), voir: van Beek, F.J., *Loving the Torah More Than God? Towards a Catholic Appreciation of Judaism*, Chicago, Loyola University Press, 1989, 107 p.; Kolitz, Z., (ed.), *Yossel Rakover Speaks to God. Hollocaust Challenges to Religious Faith*, Hoboken (New Jersey), KTAV Publishing House, 1995. Les deux publications contiennent une traduction anglaise

c'est-à-dire, je suis le créancier. C'est *moi* qui exige et cela est assez compliqué dans plusieurs degrés.

D'une part, il y a *l'homme capable de répondre, capable d'aborder son Dieu* en créancier[53], c'est-à-dire, lui qui doit tout à Dieu. Il *invente* un *créancier*. Dans ce texte Yossel ben Yossel dit à Dieu: «Je voudrais que tu ne tendes pas trop l'arc».[54] Un créancier signifie celui qui croit en Dieu. Il *croit* en Dieu, mais il *exige* de Lui. D'autre part, il est *aussi celui qui ne se résigne pas aux dérobades du débiteur*. C'est le *débiteur* qui dit, qu'il n'a pas à payer, qu'il n'a pas un seul moyen.

C'est tout de même une situation extrême. C'est la question d'Auschwitz qui est racontée dans le texte de Yossel ben Yossel. C'est une exigence à laquelle il n'y a pas encore de réponse. On peut se demander: qu'est-ce qui peut sortir? Qu'y a-t-il de positif à Auschwitz? C'est peut-être là la naissance d'une religion *sans promesse*.[55] C'est une des *formes*. Même si Dieu ne répond pas, même s'Il me livre, je reste fidèle à la loi, c'est bien cela que Yossel ben Yossel dit. C'est dans ce sens-là qu'il aime *la Thora plus que Dieu*.[56]

---

par Frans Jozef van Beek du texte de Levinas: van Beek, F.J., o.c., p. 36-40; Kolitz, Z., o.c., p. 27-32. Pour une autre traduction anglaise par Séan Hand, voir: Levinas, E., *Difficult Freedom. Essays on Judaism*, Baltimore, The John Hopkins University Press, 1990, p. 142-145.

[53] Levinas, E., Aimer la Thora plus que Dieu (1955), dans: Id., *Difficile liberté* (1976), p. 193.

[54] Ibid., p. 193: «Il (c'est-à-dire Yossel ben Yossel ou si l'on veut, l'homme, le créancier) l'aimera (c'est-à-dire aimera Dieu) en dépit de tout ce que Dieu aura tenté pour le décourager son amour. Mais «ne tends pas trop l'arc», s'écrie Yossel ben Yossel.»

[55] Voir: Entretiens Emmanuel Lévinas – François Poirié, dans: Id., *Emmanuel Levinas. Qui êtes-vous?*, Lyon, La Manufacture, 1987, p. 130: «Je me demande encore maintenant s'il n'y a pas un étrange enseignement – que Dieu me pardonne de dire: un enseignement d'Auschwitz – étrange enseignement, d'après lequel le commencement de la foi n'est pas du tout la promesse et que la foi n'est dès lors pas quelque chose qu'on peut prêcher parce qu'il est difficile de prêcher – c'est-à-dire de proposer à l'autre – quelque chose sans promesse.»

[56] Le commentaire de Levinas se concentre sur l' expression *aimer la Thora plus que Dieu*, qui ne se trouve pas dans le texte original de Zvi Kolitz, mais qui est ajoutée dans la traduction en Yiddish: «J'aime Dieu, mais j'aime plus sa Thora». A son tour cette phrase à été modifiée légèrement dans la traduction française, commentée par Levinas: «J'aime Dieu, mais j'aime *même* plus sa Thora».

Vous connaissez peut-être Fackenheim[57], un philosophe juif-canadien, qui a aussi été frappé par ce problème d'un Dieu qui ne dit rien, qui laisse faire. Il se demandait: qu'est-ce que nous devons faire si Dieu a laissé faire? Est-ce que nous allons cesser de Le reconnaître? Est-ce parce qu'Il nous a laissés que nous allons Le laisser? Et sa réponse est: c'est l'État d'Israël qu'il faut bâtir. Lui dit, que c'est une réponse, non pas du tout parce que c'est une compensation, mais parce qu'on affirme la *fidélité* dans le judaïsme, malgré le judaïsme. Fackenheim, c'est très brillant, ce qu'il dit là d'une manière plus précise. Mais en réalité ce petit texte, ce sot petit texte-là de Yossel ben Yossel, c'est cela qui bouleverse.

Moi, j'en tire aussi un enseignement. Je dis, c'est l'humanité tout entière, cela ne concerne pas uniquement les Juifs. L'existence d'Auschwitz qui est le prototype de tous les massacres de cette guerre que Dieu a laissé faire, cela doit troubler toutes les consciences. Le Dieu silencieux est avant tout amour en maintenant la morale, en maintenant les préceptes d'amour. Ce n'est pas parce qu'Il n'a pas répondu que vous cessez, que vous renoncez à croire en un seul amour. C'est à mon avis de la métaphysique.

Est-ce que je peux sur ce plan vous poser une question? Quand on voit la situation d'Auschwitz dans laquelle les croyants sont devant le fait d'un Dieu qui ne semble pas répondre, n'est-il pas possible non plus que la conscience religieuse doit être transformée et doit peut-être cesser de croire en un Dieu tout-puissant?

Écoutez, il y a deux possibilités: ou bien c'est un dieu païen – qui a toujours pu subsister au milieu du malheur des hommes comme

[57] Fackenheim, E., *La présence de Dieu dans l'histoire. Affirmations juives et réflexions philosophiques après Auschwitz* (trad. Delmotte, M., Dupuy, B.), Lagrasse, Verdier, 1980. Voir e.a.: Levinas, E., La souffrance inutile (1982), dans: Id., *Entre nous*, p. 117-118. Voir aussi: Pollefeyt, D., Auschwitz in het joodse denken van Levinas, dans: Burggraeve, R., Anckaert, L. (réd.), *De vele gezichten van het kwaad. Meedenken in het spoor van Emmanuel Levinas*, Leuven/Amersfoort, Acco, 1996, p. 70; Pollefeyt, D., De ontmoeting van Athene en Jeruzalem in Auschwitz. Het joodse denken van Emil L. Fackenheim, dans: *De uil van Minerva*, 12 (1996), n° 3, p. 157-175; Munk, R., Authentiek denken vanuit de openbaring. Een introductie tot het denken van Emil L. Fackenheim, dans: Heering, H.J., Hoogewoud, F.J. (réd.), *Vier joodse denkers in de twintigste eeuw*, Kampen, Kok Agora, 1987, p. 70-97.

dieu tout-puissant et prometteur – ou bien c'est un Dieu, qui n'a pas la force, mais qui est une autorité désarmée qui nous commande d'aimer.[58] C'est la naissance d'une dévotion sans *promesse*, – *pas sans promesse!* –, mais qui ne s'*appuie* pas sur la promesse.[59]

La fin de la prédication

Je me rappelle une très belle citation de Merleau-Ponty dans L'Éloge de la Philosophie[60] *quand il parle de Bergson et dit: tout se passe, à lire Bergson, comme si l'homme rencontrait, à la racine de son être constitué, une générosité qui n'est pas compromise avec l'adversité du monde et qui est d'accord avec lui contre elle. Que pensez-vous de cette idée?*

Oui d'accord, mais tout de même, c'est *à peu près* cela, mais il faut tout de même avoir une *force* pour le croire, pour le croire quotidiennement. Il y a deux choses: c'est la fin de la *théodicée* – ou d'une certaine théodicée naïve, cela j'aime bien – qui rappelle tout à nos péchés et c'est la fin de la *prédication*, parce que ce sont des choses, ce que vous venez de dire, qu'on peut se dire à soi-même mais qu'on n'ose pas dire à l'autre. La prédication est toujours par essence une notion de littérature avec *happy end*. Excusez-moi, je prends un terme un peu grossier, mais c'est comme cela qu'on

---

[58] Voir les interventions et la participation de Levinas aux débats, dans: Petitdemange, G., Rolland, J., *Autrement que savoir*, Paris, Éditions Osiris, 1988, p. 33, 69, et surtout p. 85: «Je ne cherche pas à penser Dieu comme faible, mais je ne veux pas que cet acte premier qu'est l'amour soit sa force et suppose la faiblesse chez celui qu'il aime. On peut retrouver tout cela après, mais ce n'est pas le départ. Autorité désarmée de 'Elohe Zabaoth'. 'Pas par la force'.» Voir aussi: Entretien avec Emmanuel Levinas (par Salomon Malka), dans: Malka, S., *Lire Lévinas*, Paris, Éditions du Cerf, 1984, p. 113: «Le Dieu de Nietzsche qui est mort est celui qui intervenait dans le monde comme les autres forces du monde et qu'il fallait orienter commes ces forces.»

[59] Pendant un entretien avec Philippe Nemo, dans: *Éthique et Infini*, p. 121, Levinas disait à ce sujet: «… on m'a demandé si l'idée messianique avait encore pour moi un sens, et s'il était nécessaire de garder l'idée d'un stade ultime de l'histoire où l'humanité ne serait plus violente, où l'humanité aurait percé définitivement la croûte de l'être, où tout s'éclairerait. J'ai répondu que, pour être digne de l'ère messianique, il fallait admettre que l'éthique a un sens, même sans les promesses du Messie».

[60] Merleau-Ponty, M., *Éloge de la philosophie*, Paris, Gallimard, 1953, p. 43-44.

s'exprime! On dit, on prêche: *au fond tout s'arrangera*. Alors, cela on peut se le dire à soi, mais on ne peut pas l'exiger de l'autre: c'est cela la *dissymétrie*.

On peut quand même dire dans la prédication que cela vaut la peine de faire ceci ou cela, malgré …

Là vous prêchez déjà! Voyez, c'est exactement le discours qui dit: *la récompense de la vertu c'est la vertu elle-même* et on ne paie plus l'ouvrier! Vous comprenez? Il y a là un moment de pudeur, il y a là une pudeur de dire cela. Comme cette formule-là, *la récompense de la vertu c'est la vertu elle-même*, ce n'est pas syndical! Il faut prendre ma formule même: c'est la fin de la prédication, *pas* d'une manière absolue, mais d'une manière non-absolue, il faut le dire. Faire la vertu, même quand cela ne rapporte pas, c'est la vraie vertu. Mais, il est très difficile de le demander à l'autre.

Est-ce que c'est dans ce sens que vous parlez du commencement d'une nouvelle piété?[61]

Tout le monde a vu cette photo de la jeune fille, qui est morte lors de la catastrophe en Colombie.[62] Et elle criait: maman, maman! C'est la parole même de Jésus. C'est clair. Elle n'était pas aussi innocente que Jésus, mais tout de même elle criait: maman! Et je vous dirai même que la parole de Jésus sur la croix, cette parole-là – *mon Dieu, mon Dieu, pourquoi m'as-tu abandonné?* – est une croyance dans l'abandon.

Cela est *la nouvelle piété*, mais surtout quand vous prenez en fait la manière dont on prêche, la manière de toute la religion. Quand on prêche d'ailleurs, il n'y a personne, qui répond, parce qu'on est seul à parler! C'est Rosenzweig qui disait cela, que c'est un mode d'expression suspect où il n'y a pas de réponse. C'est une chose qui est arrivée, qu'on ne peut pas répondre.

[61] Entretien par François Poirié, Emmanuel Levinas. La vocation de l'humain, dans: *Art Press*, 1986, n° 101, mars, p. 47.
[62] Levinas se réfère à la catastrophe de nature survenue à Armero en Colombie, où une caméra de télévision avait enregistré l'image d'une petite fille qui, sans que l'on puisse l'aider, disparaissait dans la boue.

Je me suis toujours demandé comment ceux qui photogra-
phiaient, pouvaient photographier cette petite fille. C'était probablement la plus terrible forme d'une piété sans secours: ils étaient
là, sans pouvoir faire quelque chose pour la sauver. Ma question
n'est pas du tout une attaque *morale* contre le photographe. Non,
cela, je ne mets pas en question. Le photographe a bien fait. Il a
apporté simplement un compte rendu. Il a fait un acte énorme.
Mais ma question c'est un *étonnement* devant la possibilité ou
mieux l'impossibilité de la *mère*. Comment est-ce qu'elle n'a pas
pu tomber dans la boue?[63]

Cette autre photo, prise de cette petite fille vietnamienne, qui,
effrayée, court toute nue dans la rue, pendant un des bombarde-
ments, est tout autre. Là, c'est avec le napalm. Elle est brûlée tout
de suite, mais cette petite fille colombienne *s'enfonce*. C'est un
devenir. Et jusqu'au bout elle croit que maman peut aider. C'est
tout à fait l'apparition de nouveau de Jésus-Christ dans une petite
fille. Et moi je dis que nous y sommes très spécialement sensibles
après les événements d'Auschwitz.

Je n'ai pas voulu vous choquer avec cette idée. C'est très évident
que les trois quarts des sermons qu'on entend, sont d'un *happy
end*. On promet aux gens qu'ils seront heureux. Je ne sais pas si je
peux *convaincre* quelqu'un à croire que la vertu vaut la peine,
même si cela n'a pas l'air. C'est une chose *unique* pour chacun.

La richesse

*Est-ce que nous pouvons revenir sur l'argent et très spécialement sur la
question de la richesse? Dans votre texte* L'État de César et l'État de
David[64] *vous commentez le chapitre 27 du* Deutéronome *et vous*

---

[63] Si on lit cet alinéa avec l'alinéa suivant, il semble que Levinas fasse une analogie avec
Auschwitz, où Dieu n'est pas intervenu non plus. Ainsi, il existe une analogie entre le
judaïsme et le christianisme: Dieu n'est pas intervenu lors de l'extermination des juifs, tout
comme il n'est pas intervenu lors de la crucifixion.

[64] Levinas, E., L'État de César et l'État de David (1971), dans: Id., *L'au-delà du verset*,
p. 210.

acceptez que le roi peut posséder de l'argent en fonction du souci de la survie du peuple. Mais, d'après le Deutéronome *le roi peut encore posséder autre chose. Quelle est, selon vous, la limite d'une certaine richesse?*

Je ne sais pas si cela se trouve dans les textes. Cette fois-ci je défends les textes, pas le mien. Le texte dit: la richesse, c'est limitée. Le roi n'a pas le droit d'avoir plus de dix-huit femmes! C'est *limité*, c'est limité, ces choses-là aussi.

Ici, dans ce texte, c'est le cas par excellence. C'est le roi qui veille tout de même sur la sécurité du pays et il doit le nourrir aussi. Le roi est celui qui assure. Dans la Bible, du moins dans la lecture rabbinique, dans le mobilier du tabernacle – celui du désert – il y a trois couronnes. Il y a une couronne sur l'arche où se trouve la Thora, il y a une couronne sur la table où il y a les pains et il y a une couronne sur l'autel où on apporte le sacrifice. Et alors, l'autel où on apporte le sacrifice, c'est la souveraineté du *prêtre*, c'est la souveraineté de tout ce qui est service religieux, la prière. La couronne de l'arche, c'est la couronne de celui qui connaît la Thora, c'est la couronne du *théologien*, si vous voulez. Et la couronne de la table, là où il y a les pains, c'est la couronne du *roi*. Le roi sur le pain!

La richesse du roi, c'est différent. Le roi n'est pas un riche. Le roi a une fonction dans un État. C'est quand nous étions petits que nous pensions toujours que le roi est l'homme le plus riche. Il peut donner tout ce qu'il veut. Non, c'est celui qui *commande*. La Bible dit: *il ne faut pas qu'il multiplie les chevaux.* Si vous voulez, c'est l'État qui dit qui peut être riche.

Il y a certainement une méfiance à l'égard de la richesse. Constamment vous trouverez chez les *prophètes* la suspicion sur les riches. Mais attention, dans Isaïe, chapitre 58, ce ne sont pas les pauvres, qui se révoltent contre les riches.[65] Vous savez, je

---

[65] *Isaïe* 58,6-7: «N'est-ce pas plutôt ceci, le jeûne que je préfère: défaire les chaînes injustes, délier les liens du joug; renvoyer libres les opprimés, et briser tous les jougs? N'est-ce pas partager ton pain avec l'affamé, héberger chez toi les pauvres sans abri, si tu vois un homme nu, le vêtir, ne pas te dérober devant celui qui est ta propre chair?»

compare toujours le 58 d'Isaïe avec le chapitre 25 de Matthieu. Le texte dit: si vous faites tout cela, si vous supprimez vos privilèges de riches, c'est là que Dieu marche devant vous. Le riche peut être aussi heureux que le pauvre. Le riche n'est pas exclu! Le texte est même trop favorable aux riches.

Mais ce n'est pas ce texte-là que je citerais spécialement pour la richesse. La table des riches est permanente. Le riche acquiert sa richesse par la *justice*. Quand vous jugez, surtout ne jugez pas les riches plus favorablement. Là aussi, on regarde les *visages*, c'est-à-dire, vous avez regardé le type dans sa particularité. Il y a une méfiance à l'égard de la richesse chez les prophètes.

(Levinas!) Mais Job était très riche! Le christianisme, il admet les riches ou non?

(L'interviewer!) Selon *Luc* 28,22 le Christ dit très clairement à un jeune homme: lorsque vous voulez me suivre, abandonnez l'argent! Dans le christianisme on voit d'une part une certaine méfiance envers l'argent, mais d'autre part on accepte la richesse. Et alors on donne des aumônes ou on met quelque chose pour les pauvres dans son testament. On prend une assurance avec l'au-delà!...

(Levinas) Donner tout ce qu'on a aux pauvres est une grande vertu dans le christianisme. Jésus s'est depouillé de tout et il a suivi lui-même la foule des pauvres...

Oui, mais le christianisme ne condamne pas les riches! Est-ce que ce n'est pas choquant que même le riche est un enfant de Dieu dans le christianisme?

Le criminel est aussi un enfant de Dieu! J'assistais à la défense d'une thèse sur le visage. C'est une thèse d'un jeune, qui paraîtra bientôt. Là, c'est tout autre chez lui. Il parlait de l'histoire de Caïn et d'Abel. Il s'intéressait surtout à *Caïn*. Pour lui le grand problème c'était: que deviendra Caïn? Vous comprenez? Il a été beaucoup plus ému par Caïn. Abel est mort! Il a la vie éternelle! C'est là quelque chose qui m'a beaucoup choqué.

Dans l'histoire de la Bible, par exemple, il était surtout effrayé par le sort d'*Ismaël*.[66] Il était un peu *pro Arabe*, bien entendu, n'est-ce pas? Je disais toujours qu'il a oublié seulement de penser à ces femmes, qu'Ismaël a séduites et déshonorées! C'est certainement une ambiguïté, c'est le mot pour le dire, cette ambiguïté où sous prétexte que tout le monde ressuscite, on n'a pas besoin de s'occuper du juste qui est victime du criminel et qui meurt. Il faut s'occuper uniquement du méchant qui l'a tué. C'est terrible!

Il y a dans cette relation – dans ce *pour-l'-autre* – qui est commun (entre juifs et chrétiens), il y a à mon avis cette grande différence où l'essentiel c'est de sauver le pécheur.[67] Ce n'est pas sans pitié. Il y a ce glissement toujours[68]. Dans l'absolu, Caïn est beaucoup plus malheureux qu'Abel! Abel n'a eu que de satisfactions, c'est-à-dire aussi la récompense du ciel! Dans la soutenance de cette thèse, malgré que nous soyons cinq en soutenance, j'ai dit: il oublie trop l'*Holocauste* et je demande que cela figure dans le procès-verbal!

L'argent comme calculer l'incalculable

Pour revenir à l'argent et peut-être comme conclusion de notre entretien, quelle est, selon vous, la façon la plus commode d'expliquer à des gens, qui ne s'y connaissent pas très bien en votre philosophie, le rapport entre l'argent et le tiers?

[66] Ismaël est le fils aîné d'Abraham et de l'esclave égyptienne Hagar (*Genèse* 16). Il est l'ancêtre des ismaéliens, faisant partie des Arabes. Selon Rabbi Akiba, il était séducteur et violeur de femmes, voir: Chalier, C., *Les Matriarches. Sarah, Rebecca, Rachel et Léa*, Paris, Éditions du Cerf, 1985, p. 60.

[67] Levinas tire l'attention sur le *salut des pécheurs* comme différence essentielle entre le judaïsme et le christianisme.

[68] Voir e.a.: Entretiens avec Emmanuel Levinas (propos recueillis par Jean-Yves Leloup), dans: Id., *Civilisations et transmission de la connaissance*, p. 98: «Ils sont inséparables pour les juifs: Dieu de la Justice et aussi Celui de la Miséricorde. Mais il faut la justice, même là où je pardonne, car si j'accepte les injustices qui me concernent, je n'ai aucun droit d'y livrer les autres. Il faut une justice pour protéger le prochain. Moment très important de la conscience religieuse. Est-ce que ce pardon universel n'est pas une menace pour tous les faibles de la Terre qui permet au violent de faire ce qu'il veut?»

L'essentiel est qu'il n'y a pas de problème quand vous êtes en face de l'autre. Vous êtes *pour-l'-autre*. C' est votre humanité qui éclate dans votre être. C'est même la nouveauté de l'homme sur terre. La mort de l'autre est pur rapport. Je poussais cela jusqu'aux extrêmes. Même mon simple fait d'être, *tue* l'autre. Le *Dasein*, le *Da* du *Dasein* est un scandale déjà. Il est *Da* et aussitôt il faut qu'il justifie son *Da*. Et c'est à l'égard de l'autre.

Mais en réalité l'autre se trouve au milieu du nombre. C'est ce que j'appelle *l'apparition du tiers*. Il est là, auprès de lui et le tiers est aussi mon prochain. Il est aussi mon prochain que le premier autre de l'autre et par conséquent, il faut que je passe de l'ordre de *l'exclusivité* de mon amour d'autrui et de ma responsabilité pour autrui à un autre ordre. Il faut que je trouve là une *reconnaissance*, c'est-à-dire que je juge, que je classe, que je juge déjà chacun. Et dans ce jugement, ne jugez pas! Il y a là la première nuance.

C'est alors que se constitue une société où il y a des institutions. Il y a le tribunal, où est valable précisément cette interaction économique entre eux, qui n'est pas du tout celle du donner, qui est celle du *partage* du monde, du choix, de l'achat et de la vente, de l'*échange*. Le monde comme échangeable est un monde qui perd son poids de substance pour être représenté par l'argent. C'est une manière d'échange possible. Et l'avantage de l'argent, c'est qu'il est aussi *nombre*, que la valeur des choses est *nombrable*, quelles que soient les contingences de cette chose. Et par conséquent il est un élément de la justice. C'est cela la justice. Il faut tout calculer.

Calculer l'incalculable, n'est-ce pas? Même calculer l'homme, que cela soit par rapport à l'argent – j'ai beaucoup lu ce livre sur *L'Histoire de l'Épargne*, qui est très bon – ou bien par les papiers, par des chèques ou bien par des cartes bleues. Cela ne change absolument rien au *nombre*. Il y a partout le nombre. Il y a toute *l'objectivité* de la chose, il y a toujours l'accord sur la chose. Penser la chose comme objective, c'est la penser déjà par rapport aux autres. L'objectif c'est ce qui est reconnu de tous, ce rapport aux *tous* est dans cette idée d'achat et de vente. Pour moi, c'est *antérieur* à l'universalité qui reconnaît. C'est la *concrétude*. D'une manière générale, la phénoménologie, la manière dont je la définis toujours, c'est à partir d'une notion de reconnaître sa *mise en scène*, sa concrétude.

Alors, si j'ai bien compris, le donner est le niveau du souci pour l'autre, de la miséricorde pour l'autre. Là, il n'y a pas d'argent?...

Initialement on n'a pas besoin de ça, il y a le *souci pour l'autre*, la *miséricorde pour l'autre*. Si cela réapparaît dans notre société, c'est l'argent aussi. Initialement, il s'agit de faire cesser la souffrance de l'autre, de ne pas le laisser seul mourir. Il faut le nourrir. Il n'y a pas de magasins encore! Nous sommes seuls! L'acte de donner, c'est aussi ne pas le laisser seul mourir. Ne pas le laisser seul mourir, c'est courir, ce n'est pas seulement regarder. Je ne sais pas comment cela se fait, mais, c'est certainement là qu'on est toujours séduit de mourir pour lui! Mourir pour lui, n'est-ce pas?

Il y a un texte d'Aristote où il dit cela, où même on préfère sa propre mort à la mort d'autrui. Mais je ne sais pas si c'est dans la charité, – il y a là une seule phrase comme à souligner cela – mais ce n'est pas du tout donner sa vie pour l'autre; peut-être c'est parce que c'est plus *beau*. Cela est – si vous voulez bien – dans une plus grande mesure – avec de bien faibles moyens, l'opposition au *sein zum Tode*[69], c'est l'être pour…, c'est pouvoir mourir pour un autre, quelque chose comme cela. Quand Aristote dit que *la magnificence s'expose aux plus grands dangers et, dans le péril, elle ménage peu sa vie, car elle estime qu'on ne doit pas vouloir vivre à tout prix*[70], il faut se demander: est-ce que c'est l'autre qui est *le prix* de sa vie ou c'est la déconsidération lorsque vous êtes un peu en quête de courage, c'est peut-être pour cela. Heidegger connaît aussi le mourir pour l'autre! Evidemment *la magnificence s'expose aux plus grands dangers*.

---

[69] Pour le «*Sterben für…*», voir: Heidegger, M., *Sein und Zeit* (1927), Tübingen, Max Niemeyer Verlag, 1986 (16), § 47, plus particulièrement p. 240. Levinas a commenté ce passage à plusieurs reprises, voir e.a.: Levinas, E., *Dieu, la mort et le temps*, Paris, Éditions Bernard Grasset & Fasquelle, 1993, p. 49-52; Id., «Mourir pour…» (1988), dans: Id., *Entre nous*, p. 219-230.

[70] Aristote, *o.c.*, Livre IV, Chapitre III, p. 23.

Mourir pour un autre, c'était possible à Auschwitz. C'est là qu'un prêtre est mort pour un autre.[71] On m' a dit – je ne sais pas si c'est vrai – qu'avant, dans la vie civile, il avait un journal antisémite... Ce que j'appelle *mourir-pour-l'-autre*, n'est surtout pas l'idée de *rachat*. Il n'y a pas là l'idée de rachat! Ce que j'appelle *mourir-pour-l'-autre*, ce n'est pas du tout pour obtenir le salut. Cela est très important.

Aristote connaît d'ailleurs les actes désagréables qui rapportent. Il s'y connaît beaucoup. Mais enfin cela donne un être aristocratique, un être généreux qui est magnifique et honorable!

Interlude. De quoi rêvent les philosophes...

Avez-vous encore des projets pour écrire, parce que nous attendons votre livre sur...

Moi, je vais faire un livre sur le temps, sur la *diachronie*.

Ricœur écrit aussi maintenant sur le temps!

Ricœur? On verra. Comment Ricœur a le temps, je ne le sais pas, parce qu'il est un homme extrêmement occupé. Il est toujours en déplacement et puis il est très admirablement précis.

Oui, il y a l'analyse formidable de Ricœur sur La Montagne Magique, Der Zauberberg, *de Thomas Mann. Un livre qui commence par des analyses sur le temps.*[72]

J'ai beaucoup d'admiration pour *Der Zauberberg*. On m'a demandé de la part d'un journal juif de répondre à quelques questions très brèves. C'est une enquête qui revient à chaque numéro. C'est toujours une autre personne qui répond à des questions comme par exemple: est-ce que vous êtes croyant? J'ai répondu: oui, mais *des* croyances, il y a du fond des livres plus intérieur que des états d'âme!... Le visage d'autrui et la proximité d'autrui, bien entendu.

---

[71] Il s'agit du prêtre polonais Maximilien Kolbe (le 8 janvier 1894 - le 14 août 1941), qui offrait volontairement sa vie à Auschwitz pour sauver celle d'un codétenu.

[72] Ricœur, P., *Temps et récit. Tome 2. La configuration dans le récit de fiction*, Paris, Éditions du Seuil, 1984, p. 212-245.

Mais alors, ils m'ont demandé aussi qu'est-ce que tu penses de Thomas Mann? Chaque fois ils mettent un auteur, qui a dit des choses gentilles sur le judaïsme. C'est un journal juif. Alors j'ai dit que je suis absolument de son avis que le judaïsme a une valeur positive très ancienne dans la culture. J'ai répété ce que j'ai dit aujourd'hui contre *la persévérance dans l'être, Anstrebung zu sein*: tu ne tueras point, tu donneras à l'étranger, à la veuve et à l'orphelin.

L'ordre d'aimer

Pour comprendre ce que c'est le visage de l'autre comme pauvreté, est-ce qu'il ne faut pas qu'on le sente aussi dans sa propre chair?

Dans ce cas-là vous démolissez complètement mon système, parce que pour moi alors il y a une conscience de soi qui à un certain moment se tourne vers l'autre. Moi je me demande si l'humain n'est pas, au contraire, comme si un *visage* était toujours une demande. Je vais jusque-là. Comme si l'apparition d'un visage, c'était toujours quelqu'un qui demande. C'est une manière très brutale, n'est-ce pas? Nous le vivons d'ailleurs d'une manière civilisée toujours quand quelqu'un vous apparaît – qu'est-ce qu'il vous demande? – mais qui n'est pas essentiellement la main tendue. Et en même temps apparaît la *suprême autorité*. Moi je ne parle pas toujours dans mes descriptions de cette nudité, de cette *Unbeholfenheit*, sans aide, sans *secours*. On ne doute pas là à l'extrême autorité.

Mais n'y a-t-il pas une condition de possibilité de sensibilité dans mon propre être, comme persistance dans l'être?

Mais dans ce cas-là, c'est un *transfert*.[73] Cela, je ne sais pas. Mon idée – au contraire – va *contre* le transfert. Je dis que dans *l'objectivité*, j'ai vu déjà le visage d'autrui. Cette expression, *c'est donnable*,

---

[73] Pour le mot *transfert*, voir le commentaire sur l'œuvre de Levinas, dans: Ricœur, P., *Soi-même comme un autre*, Paris, Éditions du Seuil, 1990, p. 387. Voir aussi la correspondance Levinas-Ricœur, 28 mai 1990 - 25 juin 1990: «L'unicité humaine du pronom *Je*», dans: Aeschlimann, J.-C., (éd.) *Éthique et responsabilité. Paul Ricœur*, Boudry-Neuchâtel (Suisse), Éditions de la Baconnière, 1994, p. 35-37.

c'est quelque chose à donner, est déjà cette révélation de l'autre.[74] Pas une révélation, parce qu'encore une fois, si c'était une révélation se serait déjà immanence, ce serait déjà quelque chose que je possède, que j'englobais – mais qui n'est pas engloblable. Et alors, l'expression que j'emploie, surtout dans mon livre *De Dieu qui vient à l'idée*[75], c'est là que le mot *Dieu* prend son premier sens. Ce n'est vraiment pas du tout une position où Dieu est une causalité première. Comme Aristote disait: *la force première.* Ce n'est pas la pression de la force première. Il y a tout cela, mais avant tout il y a l'ordre *tu ne tueras point.* Je ne sais pas si cet ordre me *touche,* sauf si toucher a une signification où on dit par exemple, je suis très touché. C'est un *commandement* qui me traumatise, me dérange, me met en question…[76]

Je rentre d'Italie où ils ont traduit mon livre *L'Au-delà du Verset.*[77] C'était un voyage, je ne dis pas de publicité, mais pour l'éditeur et je me suis plié. Dans la préface que j'ai faite spécialement pour le texte italien, je dis que c'est une idée cartésienne où l'infini est dans le fini. C'est une très mauvaise conscience dans les deux sens, parce que lorsque l'infini est dans le fini c'est très mal arrangé! Une *bonne conscience* c'est lorsque je trouve une table qui entre dans ma pensée! Ici, cela n'entre pas!

Et par conséquent et par quoi, dont la *parole* est impérative. Dans ces disproportions entre l'infini et le fini – pas du tout la parole dans le visage – le visage est un *impératif.* Comme si le mode

---

[74] *Révélation* fait allusion à l'altérité radicale de l'autre, ne pouvant être réduite à aucune immanence. Voir: Levinas, E., *Totalité et Infini,* p. 37-41 passim; Burggraeve, R., *Mens en medemens, verantwoordelijkheid en God,* p. 363-383 passim.

[75] Levinas, E., *De Dieu qui vient à l'idée* (»Essais«), Paris, Librairie philosophique J. Vrin, 1982, 274 p. (avec *Avant-Propos* important: p. 7-13).

[76] Voir e.a.: Levinas, E., Préface, dans: M. Maïmonide, *Le livre des commandements Séfèr Hamitsvoth* (Traduit, commenté et annoté par Anne-Marie Geller. Avant-propos de Georges Vadnai), Paris, L'âge d'homme, 1987, p. 9: «La présence de Dieu et son amour pour la créature et l'amour du prochain qui y répond et la proximité de Dieu et l'union à Lui dans cet amour, ne seraient pas, d'après la conscience religieuse juive, à leur plénitude dans la certitude de la foi, sans que la vérité de la foi qui les ouvre, n'était pas vécue ou éprouvée à travers l'obéissance aux commandements ou l'accomplissement de la 'Mitsva'.»

[77] Levinas, E., *L'au-delà du verset. Lectures et discours talmudiques,* Paris, Éditions de Minuit, 1982, 242 p.

impératif du verbe vient du visage. Parole de Dieu. Le premier, qui a commandé. Je ne suis même pas du tout effrayé par *commander*. J'ai lu un auteur très remarquable – je ne sais pas si vous l'avez lu – Jean-Luc Marion, *Dieu sans l'être*.[78] C'est quelqu'un qui m'est très proche. Un catholique très pur, très dialecticien aussi. Un type très brillant, aussi extrême dans sa pensée. Il est très heideggerien d'origine et il tient compte de tout ce que Heidegger a dit sur l'être. Il y a toute une différence entre nous. Mais il pense que Dieu a autre chose à faire qu'à être! Il aime. C'est l'aimer. Moi, j'ai dit: Dieu se manifeste par l'amour. Moi je pense que la première expérience, c'est l'*ordre* d'aimer.[79]

En dehors de la Bible, où est-ce qu'on peut trouver dans l'histoire de la philosophie que l'ordre de l'amour précède?

Écoutez, Kant dit aussi qu'il y a l'*ordre d'aimer*. Les gens trouvent cela scandaleux: comment peut-on commander l'amour? Kant le dit. C'est le grand paradoxe, qui est l'impératif catégorique d'aimer.[80] Est-ce qu'on peut obliger d'aimer? Moi je trouve cela très fort. L'amour fautif, c'est l'amour comme sentiment, comme une particularité qui va par préférence.[81]

Vous dites que l'infini ne peut pas être inclus dans le fini, mais est-ce que vous concevez que le fini soit inclus dans l'infini? Dans le livre d'Edith Wyschogrod et dans sa critique[82] de votre livre De Dieu qui

[78] Marion, J.-L., *Dieu sans l'être*, Paris, Éditions Fayard, 1982. Pour un commentaire critique, voir e.a.: Schlegel, J.L., Dieu sans l'être. A propos de J.-L. Marion, dans: *Esprit*, 1984, n° 2, p. 26-36. Voir: Rolland, J., Postface, dans: Levinas, E., *Dieu, la mort et le temps*, p. 270.

[79] Voir: Levinas, E., (Participation à la «Discussion d'ensemble»), dans: Coppieters de Gibson, D., *La révélation*, Bruxelles, Facultés universitaires saint-Louis, 1977, p. 214: «Sans l'acte commandé de l'enseignement des commandements reçus et des événements accomplis, l'amour de Dieu est abstraction. (...) L'amour de Dieu lui-même ne reste pas *émotion*, mais se produit comme accomplissement d'actes commandés – dont la fin est éthique –, de l'étude de la Tora.»

[80] Kant, I., *Die Metaphysik der Sitten* (1797/1798), p. 587 (Tugendlehre. Ethische Elementarlehre, § 27).

[81] Ibid., § 25, p. 585.

[82] Wyschogrod, E., *Emmanuel Levinas. The problem of ethical metaphysics*, The Hague, Martinus Nijhoff, 1974, 224 p.; Id., Critique de *De Dieu qui vient à l'idée*, dans: *Review of Metaphysics*, 36(1983), t. 143, n° 3, mars, p. 720-721.

vient à l'Idée, *que vous connaissez évidemment, il y a l'idée que l'infini qui aurait en face de soi un fini qui serait complétement extérieur à cet infini ne serait pas le vrai infini. Est-ce que c'est concevable que ce soit le vrai infini qui admettrait quelque chose en dehors de soi? Là on se rapporte à Hegel qui dit justement que cela ne peut pas se concevoir.*

Oui, c'est le *mauvais infini.*[83] Moi je pense que Dieu est ceci: un Infini qui puisse s'humilier. Ce n'est pas hégélien. C'est en tout cas toute la Bible.

Mais Saint-Paul dit que nous avons en Lui notre vie et que c'est en Lui que nous nous vivons et que nous sommes.[84]

Dans ce cas-là, nous sommes d'emblée immanents à l'Infini. Mais la Bible dit ceci: un Infini qui a créé le fini, un Infini qui s'est abaissé jusque-là, qui ne cesse de s'intéresser à des petites choses. C'est la *kénose.*[85] L'idée de l'incarnation, c'est cela aussi.[86]

Oui, mais le fils de Dieu dans ce vocabulaire-là n'est pas en dehors de Dieu. Il est in sinu Patris.

Mais il faut qu'Il se mette dehors! Il y a là certainement le mot *dehors*, qui est essentiel... Et les hommes alors? Ils sont aussi *dedans?* Donc tout cela est un événement intérieur à Dieu? Je crois que c'est contraire même à l'esprit des deux Testaments, je ne sais pas...
    Par exemple, je procède toujours en disant: voilà, il y a une série de termes A-B-C-D. A est autre à B et B est autre à A. Tous ces termes dans la même série sont autres l'un à l'autre, mais ils ont le même genre. Alors, autrui *humain* n'est pas *autre* dans le même sens. Il n'appartient pas au même genre ou plutôt, il

---

[83] Levinas, E., *De Dieu qui vient à l'idée*, p. 25 et 250.
[84] *Lettre aux Romains* 14,7-8.
[85] Voir e.a.: Levinas, E., Judaïsme et kénose (1985), dans: Id., *A l'heure des nations*, Paris, Éditions de Minuit, 1988, p. 133-151; Faessler, M., Humilité du signe et kénose de Dieu, dans: Greisch, J., Rolland, J. (réd.), *Emmanuel Lévinas. L'éthique comme philosophie première*, p. 239-257.
[86] Voir: Levinas, E., Un Dieu Homme? (1968), dans: Id., *Entre nous*, p. 69-70.

fuit toujours son genre. Il est *unique*. Et par conséquent, ici il y a une autre altérité que l'altérité de A-B-C-D, qui font partie du même ordre.

C'est une altérité relative, tandis que le visage est une altérité irréductible?

Absolument oui, c'est vrai. Aussi pour Dieu. C'est pour cela que j'emploie souvent: il y a la *différence*. Il y a la *non-in-différence* où il y a les deux négations. Il y a une différence et cependant il y a la non-indifférence qui est l'amour. L'amour n'est possible qu'avec un être *unique*, c'est-à-dire, qui n'appartient pas au genre. Pas vrai?

Merci, Monsieur le Professeur, pour cet entretien vraiment très généreux!

Emmanuel Levinas donne sa conférence académique 'L'ambiguïté de l'argent' au Palais des Congrès à Bruxelles le jeudi 11 décembre 1986.

4. Conférence académique

L'ambiguïté de l'argent.
Conférence académique pour les banques d'épargne belges sur la signification de l'argent (le 11 décembre 1986 à Bruxelles)*

Emmanuel Levinas

Monsieur le premier ministre,
Monsieur le ministre des Finances,
Excellences,
Mesdames et Messieurs,

Valeur marchande

Quelles que soient les variétés des fonctions que l'argent exerce comme institution ou comme instrument dans la multiplicité des conjonctures de la réalité économique, quel que soit le rôle qui lui incombe, sa marque distinctive et permanente, son utilité qui ne s'annule pas dans les avatars divers, consistent à pouvoir s'échanger contre toute chose et tout service. Chose et service dont la valeur remonte à l'axiologie première inscrite dans les besoins humains naturels et acquis, matériels et culturels.

Intéressement humain – et j'écris inter-essement avec un trait d'union –, besoin en tant que goût d'être ou faim d'être. La position même d'être, qui est un effort d'être. Etre en guise d'originelle emprise sur l'existence, fût-elle compréhension de l'être et appartenance à l'être. Originelle ontologie comme s'efforcer à être. Comprendre l'existence et s'y prendre à être. Etre comme *conatus essendi*, l'effort d'être ou comme l'acte de persévérer dans l'existence, c'est-à-dire toujours en guise du pour soi et de subjectivité. Besoins qui en apparence sont déjà au-delà de cette faim, au-delà

* Transcription inédite d'un enregistrement sur bande.

de cet inter-essement originel, allant, en effet, au-delà de cette pure faim d'être si, toutefois, cette faim ne peut jamais se manifester en elle-même autrement que dans l'angoisse de mourir.

Mais cette faim d'être, cette persistance d'être se dissimule déjà ou s'exalte déjà dans l'intention du besoin éprouvé comme indifférent à ce souci et qui devrait être souci de la santé s'il était uniquement souci de l'être. Elle s'exerce sous l'attrait des valeurs d'agrément, promesse dans la satisfaction qui est jouissance en elle. Dans cette jouissance le goût d'être dans sa nudité s'ignore et peut même se manifester dans ce que nous appelons le malsain. Mais, cette ignorance n'efface pas l'intéressement que porte l'axiologie des besoins et constitue le mode concret de cet intéressement, de cet attachement à l'être.

Valeur des choses et des services, valeur hétérogène qui, dans l'argent, se laisse quantitativement comparer et s'additionner en totalité, accédant à l'homogénéité et, dans l'échange, se conformant à la règle de l'égalité déjà ainsi conscience d'une norme dans l'essence de l'argent. Mais, égalité qui ne procède pas elle-même du besoin. L'argent exprime la valeur marchande ou le prix des choses et libère l'échange des embarras du troc.

Dès lors, soulignons l'accessibilité des valeurs culturelles et des services humains à une signification marchande se révélant ou soupçonnée dans toute valeur. Moment essentiel de la civilisation dans cette réflexion. L'une des sources du matérialisme historique toujours possible à côté de la valeur que suggère la constitution de l'argent médiatisant les objets du besoin en capital, rendant possible à son tour le service humain en guise de travail salarié. La valeur marchande du service et du travail humain implique déjà l'idée d'une valeur marchande de l'économie.

La possibilité de séparer l'argent de sa dépense, d'administrer l'inter-essement lui-même et ainsi, dans l'argent de poche déjà et l'argent en poche et l'argent en banque, est à la fois la possibilité de gérer et d'administrer l'argent lui-même comme une chose, comme une marchandise, par-delà son pouvoir médiateur et sans rompre – et c'est ça qui est important – avec l'inter-essement de l'économie. Bénéficier, à travers les nécessités et les contraintes de l'économie, d'une disponibilité humaine, d'un pour soi de la liberté prolongeant cependant la persévérance dans l'être ou le *conatus essendi* dont nous étions partis et l'inter-essement. Le pour soi de la suffisance ou de la richesse, certes, mais aussi le risque et l'épreuve, et le mal de l'asservissement et de la malédiction dans le mal sans pareil que l'on appelle *fonds d'argent*.

Valeur de sainteté

Ce n'est pas la structure de l'argent quelconque dans ses variations que je décris. Je crois que j'ai essayé de l'atteindre dans son sérieux fondamental. Et cependant, la valeur même de l'argent, son rôle médiateur suppose déjà une rupture de l'intéressement, l'importance des valeurs réfractaires à l'ordre fermé de l'argent et par là son équivoque. L'équivoque fondamentale de l'économie dans le phénomène de l'argent, dans l'axiologie des besoins et la réduction à sa valeur marchande du prochain lui-même.

Voilà cependant dans l'échange, présupposée par l'échange, la proximité préalable et inaliénable d'autrui. Échange où autrui récuse d'emblée sa signification marchande même si, dans une certaine mesure et après une certaine réflexion, il s'y découvre contraint. Ambiguïté essentielle et attention à cette ambiguïté. La tentation de la maîtriser serait peut-être le propre de l'humain dans la conscience de l'homme européen ou méditerranéen, dont les traits principaux remontent aux inspirations bibliques et aux pensées grecques et à leur devenir au sein de la civilisation judéo-chrétienne dans sa fidélité rationaliste et philosophique.

Dans l'universel intéressement, me voici concerné dans l'échange par autrui. Mais concerné aussi, indépendamment de la place qui lui revient dans cette totalité, où l'un et l'autre semblent entrer. Par-delà son appartenance au même genre ou à la même famille, le voici: l'autre homme qui m'importe et me concerne comme prochain, comme premier venu, par une altérité qui ne se réduit pas à sa spécificité dans un genre comme quelqu'un caractérisé de manière spéciale mais par son unicité d'unique, c'est-à-dire d'absolument autre. Dans son visage, malgré la contenance qu'il se donne, j'ai pu lire, moi, qui suis en face de l'autre – le moi peut lire ou entendre à la fois l'appel comme un appel d'une mendicité. Le visage de l'autre, c'est toujours une demande. Une mendicité d'une extrême faiblesse et de sa mortalité mais aussi, dans ce visage, l'autorité d'une interdiction de le laisser seul à son sort, de le laisser seul à la mort, à la maladie, à la faim – à la faim, à la maladie, la mort. Le commandement de le faire vivre, répondre d'autrui, voilà sa position à l'égard de l'autre homme ou si vous voulez la vraie signification du *'tu ne tueras point'*.

Répondre d'autrui avant de m'attacher à mon être. Axiologie nouvelle, je ne dis pas constamment adoption de cette valeur mais l'appel de cette valeur. Axiologie de la sainteté. Désintéressement au lieu de m'attacher à l'être. Au lieu d'être toujours à être, dés-intéressement – à écrire aussi avec trait d'union. Nouvelle échelle des valeurs par-delà le fondement intéressé de l'économie et de l'argent. Mais, dès lors, ma confrontation avec l'autre homme n'est plus notre appartenance à l'extension d'un concept comme si nous étions des moments, des genres simplement, des particularités de genres, des individus dans un genre, pas plus que notre appartenance à l'extension d'un concept ou d'un genre dans la totalité d'une économie mais précisément tout le contraire d'une communauté d'un genre. Une extériorité de l'un à l'autre, une extériorité qui est elle-même une manière d'être concerné. Une transcendance à l'économie.

A la fermeture, à l'enfermement de cet ordre vaste, imprévisible mais toujours clos, s'oppose la transcendance d'unique à unique, transcendance entre étrangers mais précisément, à partir de là, sans communauté de genre. La relation d'homme à homme est une relation avec un étranger mais une manière d'être concerné dans cette extériorité, meilleure communauté que la communauté du genre, non-in-différence de l'un à l'autre.

Dans la responsabilité pour autrui il y a cette non-indifférence où sommeille, c'est-à-dire où s'éveille déjà l'amour – je prends ce terme avec précaution – amour, c'est-à-dire approche de l'unique. Comme si la communauté réduite à l'appartenance à un genre est interrompue dans cette transcendance, dans cette relation à travers l'extériorité d'unique à unique qui n'en est pas moins un être concerné, un *'angehen'* comme disent les Allemands, de l'un à l'autre, du non-interchangeable à un autre, précisément non-interchangeable en tant que responsable.

Événement de cette relation d'unique à unique que l'on confond facilement avec la co-présence d'individus dans le même genre. Événement ontologiquement extraordinaire du dés-intéressement. Éveil du moi, d'un autre moi à moi, par-delà la communauté économique qui est une communauté du genre. Par-delà cette communauté, la responsabilité de l'un pour l'autre. Dévouement qui ne peut pas rentrer dans 'l ordre économique, qui est indifférent semble-t-il à l'argent. L'argent, en tant que possiblité d'acquérir, n'exprime plus la valeur au-delà de la valeur marchande, la valeur de la gratuité, en principe valeur d'un sacrifice.

L'intervention pour autrui précède dans cette vision-là mon souci de moi. Valeur de la gratuité d'un sacrifice, d'un éventuel mourir pour un autre homme. Valeur que j'ai appellé précisément valeur de la sainteté. Mais concrètement, priorité du donner sur le prendre, priorité du donner sur l'acquérir, dissymétrie dans ce sens entre le je et le tu par-delà l'échange qui est déjà symétrique. Donner sans égard pour le recevoir et ainsi aussi, de nouveau, revalorisation du besoin et de l'être mais revalorisation en autrui.

Répondre d'autrui, répondre de sa vie et ainsi précisément de son besoin matériel et ainsi donner de l'argent. L'argent reprend alors toute sa signification. Toutes les valeurs de l'inter-essement retrouvent à un plus haut niveau, au niveau du dés-inter-essement, leur signification dans le donner. Retournement de l'intéressement en dés-intéressement dans la transcendance.

Valeur de justice

Mais alors, vers quel autre? Nouveau moment dans l'analyse. Vers qui? Autrui, en effet, n'est jamais rencontré sans le tiers qui est aussi mon autre. Cette valeur de sainteté est sans direction. Cette valeur de sainteté, issue de la miséricorde vers laquelle, dans la misère, est appelé l'humain dégagé de sa persévérance dans l'être, vers laquelle il est appelé à donner, ne peut exclure ou ignorer la relation avec les autres, avec la simultanéité de tous. La multiplicité humaine pose à l'humanité désintéressée de la miséricorde et de la charité un problème de choix pour découvrir celui qui est par excellence autrui, qui est le premier autrui à qui je dois. C'est le problème même de la justice.

La justice qui apparaît, contrairement à cette redevance immédiate à l'égard de l'autre, comme un problème de comparaison. Exigence d'un jugement de justice et ainsi précisément d'une comparaison. Il y a là, par rapport à la spontanéité, par rapport à la totalité du désintéressement, une première violence. Elle est à porter dans la contestation brusque de l'unicité par la comparaison. Contestation de l'unicité à laquelle ma responsabilité signifie précisement la sainteté du pour-l'autre et la rupture du pour-soi, de la persévérance dans l'être. Nécessité dans la justice de revenir à l'économie.

Dans les exigences de l'échange nous apparût, au niveau des personnes prises par l'économie, l'ambiguïté de ces personnes à la fois soumises à l'axiologie extérieure à celle du besoin, et intégrées dans l'économie comme valeur marchande. Dès lors, à partir même du pour-l'autre, de la miséricorde et de la responsabilité qu'il exprime, une limite est à porter à ce pour-l'autre même. La justice comme limite, comme limitation de la charité. Nécessité d'un partage, d'un partage précisément justifié. L'ordre de la justice contre l'inégalité intégrale du dévouement à autrui mais aussi probablement dans la structure même de la spiritualité.

Retour au savoir, à la recherche, à l'enquête, à l'organisation, retour aussi aux institutions qui vont juger et par là le retour à une vie politique, à la science politique et, si vous voulez, le retour de toute cette sagesse, de toute cette exigence biblique de la charité, à la sagesse grecque. Retour à la bonne politique, retour au savoir. Tout cela à partir de la justice dont l'exigence est inscrite dans le visage d'autrui.

Et nous voilà, au nom de la justice, ramené à l'argent, à l'argent à gérer, à l'argent à gérer pour l'autre, à l'homogénéité de tout ce qui a une valeur et ainsi à la possibilité d'une justice qui reste un juste calcul. Retour à la valeur de l'argent comme la possibilité de calcul. A l'argent où le juste calcul pratiqué par la justice retrouve un élément calculable.

J'ai pensé à cela à propos précisément des banques d'épargne qui ont à faire à des gens eux-mêmes et qui, en quelque manière, n'ont jamais perdu ou mieux ne doivent jamais perdre la présence du visage humain en même temps qu'elles calculent. Retour à l'État qui assure l'autorité du juste calcul et de justes lois.

Mais il faut aussi que l'État reconnaisse ce qu'il y a déjà de perdu par rapport à la miséricorde et à la spontanéité de la charité dans le calcul. Et par conséquent qu'il ne peut pas, qu'il ne doit pas considérer que la règle universelle de justice qu'il découvre sont des règles définitives, qu'il n'y a plus possibilité d'approcher davantage cette spontanéité première du visage d'autrui. Dès lors, retour à l'État libéral, c'est-à-dire à l'État qui admet la reprise, la possibilité de changer les lois telles qu'elles sont, de trouver dans l'inspiration humaine et dans le devenir de l'humain une justice meilleure.

Valeur de rachat

Voilà ce qui a été l'objet essentiel de ma communication: de l'argent à l'argent, c'est-à-dire de l'argent de l'intéressement à l'argent du désintéressement. C'est à peu près tout ce que j'ai voulu dire. Mais je voudrais y ajouter une remarque.

En dehors des problèmes qui concernent la possession des choses et des services, à côté des problèmes qui concernent la possession et le partage de ce qu'on possède, il y a dans la vie de l'État et dans la vie de la collectivité aussi des problèmes de crime. C'est-à-dire des problèmes où il ne s'agit pas du tout de posséder, mais où, entre les hommes, peuvent exister des relations irréparables. Je pense que dans l'argent et dans d'autres prolongements de la vie économique, il y a peut-être une possibilité de surmonter la violence en trouvant au crime d'autres rachats que la mort elle-même.

L'argent laisse entrevoir un rachat non sanglant se substituant au cercle infernal ou vicieux de la vengeance ou du pardon universel qui est toujours une inégalité à l'égard du tiers. Le pardon du crime est un encouragement au crime et, par conséquent, une possibilité pour le tiers de craindre. Je pense que rien ne saurait atténuer certes la condamnation qui, depuis le verset six du chapitre deux d'Amos[1], pèse sur la conception de l'homme comme réalité marchande. Mais peut-être que dans l'inégalité entre le rachat pécunier et le crime qu'il doit racheter (et pécunier dans un sens très large, autre chose que la petite vengeance), il faut aussi une charité pour chercher dans ce rachat de l'incomparable crime tout de même autre chose que l'impunité du pardon et la cruauté de la vengeance.

Par conséquent dans l'argent, chargé de toutes les responsabilités par ceux qui ne veulent pas prendre les responsabilités, il y a la possibilité de répondre à notre quête de l'homme entièrement homme, qui n'est pas simplement un objet qu'on acquiert.

Je vous remercie de votre attention.

---

[1] Amos 2,6: «Ainsi parle Jahwé: Pour trois crimes d'Israël et pour quatre, je l'ai décidé sans retour! Parce qu'ils vendent le juste à prix d'argent et le pauvre pour une paire de sandales.» Voir, Levinas, E., Le moi et la totalité (1954), dans: Id., *Entre nous*, p. 52.

A l'invitation de la faculté de théologie, Emmanuel Levinas donne pour
de nombreux professeurs et assistants et plus d'un millier d'étudiants, sa
leçon talmudique 'Sur l'humilité' dans le grand auditoire de la 'Katholieke
Universiteit Leuven' (le mercredi 10 décembre 1986 au soir). Il a repris
cette leçon talmudique lors du 30ème Colloque des Intellectuels Juifs de
langue française le 11 décembre 1989, sous le titre 'Qui est soi-même?',
publié dans: Halpérin, J.L., Lévitte, G. (réds.), *Le quant-à-soi*, Paris,
Éditions Denoël, 1991, p. 217-229. Repris dans: Levinas, E., *Nouvelles
lectures talmudiques*, Paris, Éditions de Minuit, 1996, p. 77-96.

5. Étude définitive (Une édition critique, refondue sur base du manuscrit)

Socialité et argent
(mai 1987)*

Emmanuel Levinas

Une réflexion portant sur la réalité sociale ou économique de l'argent, n'est certainement pas possible sans une recherche approfondie des données empiriques où cette réalité – ou institution – est appréhendée, sans une vue sur son histoire et sans l'analyse des fonctions que l'argent exerce en fait, de par le déterminisme propre du domaine économique si complexe dans l'extension planétaire qu'il a prise à partir des sciences et des techniques du génie européen. Mais il n'est peut-être pas impossible – ni inutile – de réfléchir sur quelques «dimensions» que l'argent dessine, ou *creuse*, ou révèle dans la conscience morale de l'homme européen dont les traits principaux remontent aux inspirations bibliques et aux pensées grecques et à leur devenir au sein de la civilisation judéochrétienne et de sa fidélité rationaliste.

1° Argent et échange

Quelle que soit la variété des fonctions qu'exerce l'argent dans les multiples conjonctures de l'ordre économique – quels que

* Cette étude, faite à la demande des *Banques d'Épargne Belges*, a été initialement publiée dans: *25 années Groupement Belge des Banques d'Épargne – Allocutions Séance Académique*, Bruxelles, GBE, 1987, p. 13-19. Sur la demande d'Emmanuel Levinas elle a été publiée dans: Halpérin, J., Levitte, G., *Colloque des intellectuels juifs. L'Argent. Données et débats*, Paris, Denoël, 1989, p. 215-222. On peut la trouver aussi dans: *Tijdschrift voor Filosofie*, 3/1988, p. 415-421, ainsi que dans: Chalier, C., Abensour, M. (réd.), *Emmanuel Levinas*, Cahier de l'Herne 60/1991, p. 134-138. Le texte ci-dessous reproduit scrupuleusement le manuscrit (écrit à la main), envoyé par Levinas au Banques d'Épargne Belges en mai 1987. Ce texté diffère à plusieurs endroits des versions publiés jusqu'à présent.

soient les divers rôles qui lui incombent (et jusque dans ses presti-
gieuses ou monstrueuses et spectaculaires – et si photogéniques en
télévision – accumulations en puissances – ou en «toutes-puis-
sances»), la marque distinctive et sa valeur permanente, consistent
à pouvoir, sous ses divers avatars, être échangé contre toutes choses
et tous services. Ce qui pose l'argent – médiation par excellence –
non pas comme possession en acte, mais comme possibilité ou
pouvoir d'une entrée en possession. Possibilité laissant ainsi une
part d'indétermination et de vie à la volonté encore libre du pos-
sédant ouvert à d'autres décisions. Et dans un autre sens encore,
par cette médiation, voici une étrange ou remarquable ambiguïté
de l'humain: dans l'aventure – ou dans l'anecdote – de l'être,
l'homme aura eu, par l'argent, le pouvoir d'acquérir choses et
services – choses et travail humain – et d'entrer invisiblement
par l'enchaînement de l'économie, par le versement des salaires,
comme en possession des hommes mêmes qui travaillent; mais à
la fois, déjà dans l'*événement de l'échange* – où l'argent s'insère, où
il commence seulement son rôle médiateur et auquel il ne cesse
pas de se référer – l'homme *aura eu recours* à l'autre homme dans
la *rencontre* qui n'est ni simple adjonction d'individu à individu,
ni violence d'une conquête, ni perception d'un objet s'offrant en
sa vérité, mais un *tout-contre-le-visage* de l'autre homme précisément qui, déjà silencieusement, l'interpelle et auquel il porte
réponse: déclaration de paix dans le *chalom*, ou vœu de bien dans
le *bonjour*. Reconnaissance sans préalable connaissance. Salutation.
Réponse ou responsabilité originelle, le «s'adresser à» de tout
discours. Dans l'argent ne peut jamais s'oublier cette proximité
interhumaine, transcendance – et socialité qui déjà la traverse,
d'unique à unique, d'étranger à étranger, la *trans-action* dont tout
argent procède, que tout argent ranime.

2° L'intér-essement

Argent, pouvoir d'acquérir choses et services, deux ordres hétérogènes, bien que toutes choses recèlent du travail humain. Valeurs

hétérogènes à l'intérieur de chaque ordre. Exprimées en unités d'argent – en chiffres de leurs prix – ces valeurs accèdent à l'homogénéité, se laissent comparer et totaliser. Homogénéité, certes, d'emblée parodoxale: elle offusque, dans la valeur, les services humains qu'elle porte – rapportés, à juste titre, à l'utilité et à l'intéressement –, la dignité impayable de ce travail en tant qu'humain, qui comme tel se mesurerait selon d'autres principes ou se voudrait incalculable. Mais par la mesure que l'argent introduit partout, il libère les échanges où il naquit des embarras et des inspirations subjectives du troc: à partir de l'argent, les «biens» constituent un *tout* objectif malgré les surprises – faut-il les mentionner? – dont la plus-value – ainsi dénommée plus tard – menace les calculs exacts des valeurs du travail.

Total objectif ou monde des valeurs reconnues à partir d'une axiologie primordiale qu'est l'attachement originel des vivants à la vie, tension que sous-tend, si on peut dire, la référence, formellement nécessaire, des étants à leur être. Pour les hommes en tant que vivants, il y va certes, dans leur exister, de cet exister même. Valorisation originelle qui s'articule dans les besoins dits naturels ou matériels: attachement à *l'exister*, à l'événement d'être, à l'*esse* même qui importe aux hommes et dont ils se soucient, auquel ils tiennent et où, déjà immanents au monde, ils se tiennent: originel et naturel et naïf intér-essement. Intéressement comme *immanence*: appétit d'exister ou faim d'*être* à travers les nourritures terrestres, mais déjà respiration de son atmosphère et habitation sur cette terre et sa perception à travers le savoir des choses et des lieux; prise et *mainmise* sur l'être à travers les êtres; effort d'être – acte, mais aussi, de par cette *prise*, com-préhension de l'être convoité, ontologie instinctive ou montée d'une pensée essentielle. La «phénoménologie» de cette axiologie de l'intéressement – et de l'ontologie qu'elle implique – n'a peut-être pas encore été recherchée systématiquement et on ne peut en indiquer que quelques traits. Elle ne s'explicite pas sans «tours et détours». L'intentionnalité animant ce goût d'être – cet inter-essement – de façon droite, ne se montre probablement que dans l'angoisse des «derniers instants». Dans le concret de la vie quotidienne, l'intéressement humain toujours déjà se dissimule – et s'exalte – jusqu'à l'oubli de son originelle et apparemment saine «visée» de l'exister, dans les «agréments de la consommation» et de la satisfaction des besoins où risque de s'égarer *l'appétit d'être* capable ainsi d'aller jusqu'au malsain et au mortel, mais où, en guise de plaisirs, se serait dessiné le nœud singulier du pronom *se* tel qu'il contracte la forme des verbes réfléchis en un *pour soi*, et un égoïsme dans la jouissance appréciée certes «plus précieuse que la vie», mais qui reste néanmoins l'intimité affirmée de l'exister ou de la vie.

Mai l'intention encore saine et naïve de l'intéressement, l'axiologie originelle de l'être ne prolonge-t-elle pas, dans l'humain, la lutte des vivants pour la vie?[1] *Saine et naïve, est-elle aussi innocente que naïve?** Dans ses formes les plus naturelles, n'est-elle pas d'emblée sans égards pour les autres? Intéressement qui demeure contraignant à travers les besoins humains. Le *pour soi*, lumière de la conscience, ne reste-t-il pas persévérance dans l'être malgré ses variantes ou poèmes prometteurs, reçus à partir de «l'expérience» d'autrui où le prochain se montre en vérité ou en beauté, sans «décontenancer», sans dénuder, sans avouer son visage ou sa misère? Dure univocité de l'inter-essement qui se fait haine: émulations entre hommes, compétition dans la rivalité et la concurrence jusqu'aux cruautés et tyrannies de l'argent et la violence sanglante des guerres. Et là-voici, de plus, l'homogénéisation par l'argent qui assimile les services humains, le travail, aux choses dans le salaire et oublie le travail amorti dans les objets; dès lors, toute valeur se reconnaît à travers l'intéressement du besoin et s'approprie par achat. Moment essentiel dans l'avènement d'une civilisation de l'argent. La valeur commerciale des services et du travail humains accrédite l'idée forte de l'*être* totalisé et un, et entré dans l'économie et dans l'arithmétique de l'argent, ordre ou système recouvrant

---

* *Cette phrase manque dans les versions publiés jusqu'à présent.*

[1] *Lutte des vivants pour la vie*, où se transpose peut-être déjà une *persistance* de l'être dans son être, plus «ancienne» ou plus basse, que l'on discerne – métaphoriquement – dans la solidité et la dureté du solide, dans la *consistance* du matériel – comme si *l'être en tant qu'être* était matérialité et noyautage atomique. *(Note de Levinas).*

ou dissimulant les désordres des luttes impitoyables de l'inter-essement où l'autre homme s'évalue en argent au prix de son *faire* et de son savoir-faire. Intégration de l'homme au système éco-nomique, sa mise à prix aux différentes articulations du dévelop-pement économique. Quant à l'excellence ou à la dignité de l'homme – souvenir ou promesse de la sagesse biblique de notre vieille Europe –, elle semblerait impossible sans un arrachement au tout des hommes, sans une position philosophique – peut-être «en soi et pour soi» – d'un moi toujours à la première personne; mais due à l'accumulation d'argent au détriment des autres. Liberté, indépendance de riche! Et, pour les autres, éventualité d'indépendance provisoire et précaire aux heures ou aux jours ou aux années, dégagées en vue de «l'en soi et pour soi» par l'argent de poche, par «l'argent en poche», par l'argent en banque.

3° Dés-inter-essement

On doit cependant se demander si une humanité entrant dans la totalité de l'ordre économique issue de l'intér-essement – mais issue aussi des transactions scellées par l'argent lequel est inauguré dans l'échange entre hommes – serait vouée sans merci à un système totalitaire. La totalité économique des hommes détenteurs d'argent ne ressemble pas à la structure formelle – ou logique – des parties dans le tout qui les absorbe et où elles s'additionnent sans laisser des traces. La totalité d'un ordre économique ne porte-t-elle pas un ensemble où, à la fois, les hommes porteurs d'argent et acheteurs s'intègrent eux-mêmes à la marchandise, mais ne s'essoufflent pas – ne perdent pas leurs âmes – à posséder et à appartenir? Par-delà l'axiologie de l'inter-essement, par-delà l'appétit d'être, par-delà l'inquiétude de chacun pour sa quiétude, pour son être-*là*, pour sa part dans l'exister, par-delà le souci pour ce qui a été si admira-blement appelé *Da-sein*, souci que nous lisons dans les besoins dont l'argent rend possible la satisfaction – mais autant les éventuelles cruautés de la «lutte pour la vie» –, l'homme n'est-il pas aussi l'étonnante possibilité – exception à l'ordonnance de tous les modes de l'être! – de céder sa place, le *Da*, de se sacrifier pour l'autre, de mourir pour l'étranger? S'est-on jamais assez étonné de cette extra-vagante possibilité de l'«animal humain», plus forte que toute ontologie où dans l'humain – dans le visage de l'autre homme, avant toute Écriture – s'entend, silencieux appel ou impératif, la sainteté: axiologie nouvelle où Dieu vient à l'idée et par laquelle le message du Livre se laisse et traduire et comprendre?

Nous avons essayé dans d'autres textes, auxquels – à tous – conviendrait le titre d'«autrement qu'être», de décrire cette axiologie du *dés-inter-essement* qui n'est ni l'abstraction nihiliste de la pure négation de la valeur de l'être, ni le premier pas de la synthèse constructive des dialecticiens, mais qui est la bonté de donner: charité, miséricorde et, dans la responsabilité, réponse et discours et, ainsi, la positivité d'un attachement à l'être en tant qu'être d'autrui. Dès lors, une prise au sérieux des besoins d'autrui, de leur inter-essement et de l'argent à donner. Faut-il insister sur l'importance qui revient dans l'axiologie du désintéressement à l'activité financière préoccupée par le *donner*? Rapport à autrui – à l'étranger – qui, de par sa faiblesse, sa misère et sa mortalité, concerne le moi, *me* concerne et précisément ainsi, «*me* regarde», c'est-à-dire dénude son visage de derrière la «contenance» qu'il se donne, de derrière le masque – *la persona* – que lui prête son apparaître. Proximité de l'étranger – ce qui n'est pas échec d'une coïncidence ou d'une immanence, mais *socialité*. Reconnaissance d'autrui en guise de responsabilité, la socialité dans son excellence irréductible porteuse d'amour. Pensée extraordinaire: l'aimé étant toujours l'unique, pensée de l'absolument autre, par-delà l'individu, encore enfoncé dans la communauté du genre, que saisit la perception. Proximité comme axiologie de l'au-delà de l'être, axiologie de la transcendance.

4° Socialité et justice

Mais la socialité débordant celle qui s'exprime dans la totalité de l'économie et l'axiologie de l'intéressement qui la supporte, peut-elle rester étrangère à cette totalité? La socialité et la paix dans la proximité d'autrui – fût-il le premier venu –, la misère et l'autorité du visage dont peut avoir à répondre le moi qui se définit originellement, non pas par la fermeté d'un «pour soi et en soi», mais précisément par cette possibilité d'être tenu, miséricordieux et charitable, à répondre du prochain, à répondre comme accusé sans culpabilité et sans avoir rien commis – tout cet avènement de l'humain et du dés-inter-essement dans l'être, n'est-il-pas, de moi à l'autre, l'inattention au *tiers*? Ignorance du tiers et de tous ceux qui, aux côtés du *tiers*, sont l'humanité nombreuse unie, à sa façon, en totalité économique à partir de l'argent, mais où chacun me reste aussi «autre», unique dans son unicité, incomparable, et qui devrait me concerner ou, déjà visage, comme on dit, «me regarder».

Le tiers, autre que le prochain, est aussi mon prochain et prochain du prochain. L'élévation et la sainteté de l'amour du prochain ne sont-elles pas comprises par cette inattention au tiers lequel, dans une totalité anonyme, peut avoir été la victime de celui-là même dont je réponds et que j'approche dans la miséricorde et la charité du dés-inter-essement? Il faut, entre les uniques, une comparaison, un jugement. Il faut une justice, au nom même de leur dignité d'uniques et d'incomparables. Mais comparer les incomparables, c'est là, sans doute, aborder les personnes en retournant à la totalité des hommes dans l'ordre économique où leurs actes se mesurent dans l'homogénéité qui tient à l'argent, sans être absorbés ou simplement additionnés dans cette totalité. La sainteté de l'humain s'élevant au-dessus de l'être persévérant dans son être et au-dessus des violences que cette persévérance perpétue, s'annonce dans la miséricorde et la charité répondant au visage d'autrui; mais elle fait aussi appel à la Raison et aux lois. Mais la justice – exige déjà un État, des institutions et une rigueur et une autorité informée et impartiale. Mais déjà État libéral capable d'une législation meilleure. Et des consciences en éveil dans leur unicité aux ressources imprévisibles qui à l'universalité toujours sévère peuvent apporter des grâces non-déductibles.

En tant que de docteur honoris causa de la 'Katholieke Universiteit Leuven', Emmanuel Levinas a été accueilli par ses collègues des facultés de philosophie et de théologie dans les halls de l'université (le mercredi 10 décembre 1986).

III. Da Capo: En reconnaissance déférente

6. Correspondance

Roger Burggraeve - Emmanuel Levinas
(le 10 juillet - le 4 août 1975)*

Ce livre serait incomplet sans accent personnel. J'ai eu l'honneur, qui est aussi une responsabilité, de rencontrer maintes fois personnellement Emmanuel Levinas comme un 'maître à penser' extraordinaire. A travers ces rencontres chez lui à Paris, toujours en présence de sa femme aimable Rachel Raïssa, un lien de familiarité et de réciprocité s'est développé, sans jamais perdre son asymétrie d''amitié déférente', pour utiliser une expression propre à Levinas. Les nombreuses et parfois longues heures de dialogue n'étaient jamais sans respect et d'écoute pour sa parole qui touchait 'd'en haut'. Son dire n'était jamais un dit-déjà-dit pur et simple, mais toujours aussi un 'dédire' du déjà-dit. J'avais toujours quelque chose à apprendre à travers les questions et les réponses, qui n'étaient pas nécessairement des réponses adéquates ou appropriées aux questions posées, mais presque toujours des 'c'est-à-dires', qui inspiraient précisément parce qu'elles venaient d'ailleurs et introduisaient ainsi l'imprévisible, c'est-à-dire *l'autre* qui donne à penser.[1]

Je veux exprimer cet accent personnel par l'objectivité respectueuse d'une correspondance et d'une biographie philosophique.

---

* Correspondance non publiée en vue d'une thèse de doctorat. Voir aussi: Burggraeve, R., Anckaert L. (réd.), *De vele gezichten van het kwaad. Meedenken in het spoor van Emmanuel Levinas*, Leuven/Amersfoot, Acco, 1996, p.

[1] Voir: Malka, S., *Monsieur Chouchani. L'énigme d'un maître du XXe siècle. Entretiens avec Élie Wiesel suivis d'une enquête*, Éditions Jean-Claude Lattès (France), 1994, p. 113: «Comme toujours, comme à chacune des visites, Lévinas a un *hiddouch*, une réinterprétation, à faire partager».

Tout d'abord je donne la parole à Levinas lui-même au moyen de la correspondance entretenue avec lui en 1975 à titre de préparation pour ma thèse de doctorat sur sa pensée. Ses réponses à mes questions ont fourni un certain nombre de données et explications élucidantes pour arriver à une interprétation 'reconnaissante' de sa pensée. La correspondance est l'amorce d'une biographie philosophique, qui scrute les idées fondatrices de la pensée de l'un des maîtres de la philosophie occidentale et de la pensée dialogale en particulier. Un 'humble post-scriptum' conclut le tout.

Correspondance avec Levinas

Louvain, le 10 juillet 1975

Cher Monsieur Levinas,

Depuis quelque temps je prépare ma thèse de doctorat en théologie morale à l'Université de Leuven (expression néerlandaise). Mon étude a pour objet une redéfinition du sujet éthique d'après votre pensée. Mon mémoire de licence, qui a également traité votre pensée, m'a mis dans l'occasion de publier un article ayant comme objet votre contribution au personnalisme social. Je vous offre ci-joint un extrait de cet article paru en deux versions: une en néerlandais dans 'Bijdragen'[2] et une en italien dans 'Salesianum'.[3]

Je voudrais vous soumettre quelques questions concernant certains points spécifiques de votre pensée et du contexte de celle-ci. J'espère ne pas être trop indiscret et ne pas abuser de votre temps. Votre réponse m'aidera à éviter des fausses pistes et des erreurs, à parvenir à une étude plus précise de vos idées et à mieux progresser dans ce travail urgent qui me tient à cœur.

---

[2] De bijdrage van E. Levinas tot het sociaal personalisme, dans: *Bijdragen*, 35(1974), n° 2, avril-juin, p. 148-185.
[3] Il contributo di E. Levinas al personalismo sociale, dans: *Salesianum*, 35(1973), n° 4, octobre-décembre, p. 569-599.

En vous remerciant de votre bienveillance je vous prie d'agréer mes sentiments de profonde reconnaissance et de sincère dévouement.

(Signature)

Roger BURGGRAEVE
Don Bosco Peda
Guido Gezellelaan 21
B-3001 LEUVEN-HEVERLEE (Belgique)

Questions posées à Monsieur Emmanuel Levinas, le 10 juillet 1975

1. Question biographique

Concernant votre date de naissance:
quelques sources mentionnent: le 30 décembre 1905;
d'autres sources: le 12 janvier 1906.
Quelle est la date exacte?

2. Questions bibliographiques

2.1. J'ai trouvé un de vos articles, intitulé: *Quelques réflexions sur la philosophie de l'hitlérisme*, mais sans aucune indication bibliographique concernant le recueil, la revue de publication, l'année et le tome... J'ai cherché partout, mais... en vain. Pouvez-vous m'indiquer les données bibliographiques?

2.2. Je possède aussi votre conférence, intitulée: *Antihumanisme et éducation* (Conférence tenue le 28 janvier 1973 à l'occasion de l'Assemblée Générale du Consistoire Central), de même sans indications bibliographiques. Pouvez-vous me les signaler, s.v.p.?

3. Questions concernant votre origine et formation juives

3.1. Partant des données biographiques de 'Signature', j'ai étudié la situation du judaïsme en Lituanie, votre pays natal. J'ai rencontré maintes indications sur le caractère 'mitnagged' du judaïsme lituanien. Je suis parvenu à la conclusion (en forme d'hypothèse) que votre formation juive semble avoir été «mitnagged». D'autre part, dans «Les bâtisseurs du temps», A. Heschel ne décrit du judaïsme lituanien qu'une religion de tendance hassidique. Alors, voici ma question: votre famille appartenait-elle vraiment (comme je le suppose) à la tendance 'mitnagged'?

(Si la réponse est affirmative, alors je me permets de vous poser les questions suivantes.)

3.2. Comment caractériser le judaïsme 'mitnagged' à l'époque de votre première jeunesse et de votre formation à l'existence juive?

3.3. Votre formation à l'existence juive était-elle strictement selon la tradition juive «mitnagged» (avec Yeshivah, étude d'hébreu, de la Bible et du Talmud à l'école d'un maître rabbinique...)?

Autrement dit: votre famille habitait-elle dans un ghetto ou dans une communauté juive close; ou appartenait-elle à un milieu plus ouvert et assimilé à la culture russe?

3.4. La tendance 'mitnagged' existe-t-elle encore aujourd'hui? Et est-ce que vous vous situez encore aujourd'hui comme penseur juif dans cette tendance 'mitnagged'?

3.5. Puis-je considérer l'hypothèse suivante comme exacte, notamment que votre formation juive «mitnagged» a influencé directement votre vision sur la 'mystique' (comme «enthousiasme» ou comme «participation» à la vie divine par 'émotion intérieure', caractéristique du hassidisme)?

3.6. En 1917, vous avez connu la révolution russe en Ukraine à l'âge de onze ans (cfr. «Signature»).

3.6.1. Quelle signification a-t-elle eu pour vous?

3.6.2. Étiez-vous à ce moment à Charkov?

3.6.3. Étiez-vous là pour vos études moyennes?

3.6.4. Ce séjour, qui vous tenait séparé de votre famille, a-t-il eu une raison «juive»? C.-à-d., la formation spécifiquement juive était-elle le motif de votre séjour en Ukraine?

Ou bien, avez-vous poursuivi votre formation spécifiquement juive là-bas? Dans quel sens et sous quelle forme?

3.7. En 1923, vous avez émigré à Strasbourg en France. Selon le livre d'André Néher, *L'existence juive*, il y avait un judaïsme alsacien vivant. Avez-vous eu des contacts avec des juifs de renommée, qui ont eu une influence sur votre évolution intellectuelle juive?

3.8. Quelques questions concernant votre formation talmudique:
3.8.1. Quand avez-vous commencé votre étude approfondie du Talmud?
Et pour quelle raison?
3.8.2. L'école de Paris y est-elle pour quelque chose?
3.8.3. Chouchani, a-t-il été votre maître unique du Talmud?
3.8.4. Quelle était sa méthode?
3.8.5. Où puis-je trouver des informations sur Chouchani?

4. Question herméneutique

Certains interprètes-philosophes de votre pensée introduisent une séparation assez prononcée entre vos écrits philosophiques et judaïques-talmudiques, et ils affirment qu'on ne peut utiliser vos écrits judaïques-talmudiques pour éclairer votre pensée philosophique, à cause d'une différence qu'ils considèrent comme essentielle entre les deux sortes d'écrits.

Moi, je crois plutôt qu'on ne peut séparer les deux sortes d'écrits et qu'une séparation n'est nullement justifiée. Comme vous le dites vous-même dans vos écrits judaïques-talmudiques, vous cherchez les conditions ontologiques de l'existence juive et les expériences qui forment la base des propositions talmudiques. Même si le point de départ est matériellement différent, l'existence juive, le commentaire talmudique, l'expérience comme telle se touchent sur un même niveau philosophique. Et ma thèse, c'est-à-dire mon interprétation de votre pensée est bâtie sur ce niveau philosophique. Alors, puisque vos écrits judaïques-talmudiques impliquent une dimension philosophique, je pense que je puis les utiliser en même temps que vos écrits philosophiques, afin d'éclairer les uns par les autres.

Que pensez-vous de ce rapprochement de vos écrits sous l'aspect d'unité et de complémentarité philosophique? Ma façon d'interpréter est-elle justifiée?

5. Questions philosophiques

5.1. Concernant l'*il y a* et l'*élémental.*
5.1.1. En général les interprètes de votre pensée identifient l'il y a dans *De l'existence à l'existant* et *Le temps et l'autre* avec

l'élémental dans *Totalité et Infini*, en nuançant que l'élémental peut être considéré comme une déformalisation de l'il y a. Cette identification est-elle justifiée? Quant à moi, j'ai un certain doute. Dans *De l'existence à l'existant*, l'il y a, comme «existence sans existant», se trouve sur le niveau pré-subjectif. Dans *Totalité et Infini* l'élémental apparaît comme corrélatif spécifique de l'intentionnalité de la jouissance, en opposition à celle de la représentation. Il se trouve donc sur le niveau subjectif, puisque la jouissance est l'avènement même de la subjectivité.

Ceci implique l'idée d'une différence. Mais est-ce une différence essentielle, ou seulement accidentelle? L'il y a et l'élémental sont-ils deux réalités différentes, ou bien la même réalité qui se manifeste seulement sur deux niveaux différents?

Alors, dans la deuxième supposition on pourrait dire que l'il y a pré-subjectif *se maintient* sur le niveau subjectif, comme l'horizon intentionnel spécifique de la jouissance; que le monde *garde* son caractère «il y a»-tique sur le niveau subjectif de la jouissance comme l'élémental; que l'élémental est un *prolongement* subjectif de l'il y a pré-subjectif? Qu'en pensez-vous?

5.1.2. En plus, il me semble de pouvoir indiquer dans *Totalité et Infini* encore une autre différence entre l'élémental et l'il y a. Là (cfr. pp. 114-116), l'il y a est décrit comme «le format mythique» de l'élémental, comme le côté négatif, chaotique, qui réfère à un avenir incertain, menaçant la jouissance. Afin de mieux comprendre le rapport entre l'il y a et l'élémental, je voudrais savoir si mon interprétation est exacte.

5.2. L'impression globale que je garde des différentes études de vos idées est qu'on introduit une sorte de dualisme entre «le moi de l'économie» et «le moi responsable, pour Autrui»: c'est-à-dire un dualisme d'exclusion réciproque, ou même d'une opposition radicale. On dirait qu'on lit le titre de votre œuvre comme Totalité *ou* Infini (exclusif), et pas comme comme Totalité et Infini (inclusif). Je pense que c'est une interprétation incorrecte. Pour cette raison je voudrais commencer ma thèse par un chapitre sur «l'autonomie du moi» comme *condition* de l'éthique, spécifiquement du sujet éthique.

Ce rapprochement est-il justifié?

5.3. Je voudrais aussi demander votre opinion sur la réflexion suivante, qui se trouve dans le prolongement de la précédente. Dans la phénoménologie dialogale, avec Buber en tête, on décrit la subjectivation comme essentiellement liée au 'Du sagen'. Pas de *Ich* sans *Du*: 'Ich werde am Du'. Si j'ai bien compris votre pensée, vous semblez suivre une autre direction. Préalablement à la Rencontre, il doit y être un moi autonome. Pas de *Du*-sagen sans un moi constitué. La relation avec Autrui ne constitue pas le moi, mais met seulement en question le caractère arbitraire de sa liberté. La relation avec Autrui n'est pas une constitution mais une investiture du Moi. Le discours suppose d'une part un moi autonome, qui ne reçoit d'aucune façon son être de la reconnaissance par Autrui; et d'autre part un Autre restant absolument Autre, qui ne reçoit d'aucune façon son altérité de la corrélation avec un moi.

Ai-je bien compris votre idée? La réponse à cette question est essentielle pour la structure et le développement de ma thèse, et pour l'interprétation de votre pensée.

Réponse d'Emmanuel Levinas

Emmanuel Levinas
6bis Rue Michel Ange Paris   16ᵉ En Sorbonne, le 4 août 75
                               1, rue Victor-Cousin
                               Paris (V°)
                               Place de la Sorbonne

Cher Monsieur Burggraeve,

Je vous remercie beaucoup de l'envoi de l'article publié en 1973 dans Salesianum et dont j'ai pu suivre le mouvement à travers le «latin» et le «français» qui emplissent l'italien et à travers le mouvement des notes en bas de pages. Je vous suis reconnaissant de tant d'attention et de compréhension. Ma réponse est tardive;

mais cette période de vacances où je n'ai même pas de secrétaire pour dicter mon courrier, était peu propice au texte que vous trouvez ci-joint et sans lequel je n'ai pas voulu vous adresser ces quelques mots de remerciements. Ce texte – répondant à votre questionnaire – est rédigé par bribes, sans les formes tradition-nelles d'exposition. Il portera aussi la trace de cette période décon-tractée et vous me pardonnerez les aléas de mon écriture à la plume pouvant aller jusqu'aux fautes d'orthographe. J'espère du moins que vous arriverez à lire les mots illisibles et que les quatre pages vous seront utiles.

Je serais intéressé de lire un jour votre thèse. Adressez-vous à moi si je pense y être de quelque utilité technique. Il ne m'est pas toujours facile de décider de l'interpretation qui ne se meut pas toujours dans le paysage du lecteur et de ses questions. On ne peut pas être son propre historien. Mais c'est avec beaucoup de sympa-thie que je répondrai partout où je pourrai. Très cordialement.

Emmanuel Levinas
(Signature).

Réponses

1. Né le 30.12.1905 d'après le calendrier julien; ce qui fait le 12.1.1906 d'après le calendrier grégorien. Ma carte d'identité porte la date du 30.12.1905.

2.1. Article paru dans *Esprit* en 1934. Je ne le fais jamais figurer dans ma bibliographie. Je m'en veux d'avoir parlé – avant Auschwitz certes, mais qu'importe! – de la philosophie du diable. Il y a des mots qu'on a honte d'avoir associés.[4]

---

[4] Cette étude a été reprise quand même dans le recueil: Chalier, C., Abensour, M. (réd.), *Emmanuel Lévinas* (Cahiers de l'Herne 60), Paris, Éditions de l'Herne, 1991, p. 154-159; et reprise encore dans: Levinas, E., *Les imprévus de l'histoire*, Montpellier, Fata Morgana, 1994, p. 27-41. A l'occasion de la réimpression de cette étude, Levinas donne une justification qui implique une 'reconnaissance' de la valeur de son article. Voir: Chalier, C., Abensour, M. (réd.), *o.c.*, p. 159-160: «L'article procède d'une conviction que la source de la barbarie sanglante du national-socialisme n'est pas dans une quelconque anomalie contingente du

2.2. Cette conférence parut dans un «Bulletin intérieur du Consistoire Central des israélites de France» roneotypé; il a été reproduit dans le numéro de septembre ou d'octobre 1973 de la revue consacrée à la pédagogie de l'instruction religieuse, édité à Paris, sous le titre de «Hamoré» (le Maître).

3.1. Je proviens d'un milieu mithnagued (= opposant... [au hassidisme]). De mon temps cette opposition avait perdu toute acuité. C'est une différence – très peu importante – du rituel; une tournure d'esprit plus intellectualiste, moins sentimentale chez les mithnagdim. Il y eut des hassidim dans les provinces dites lituaniennes de l'ancien Empire des tsars, mais ils appartenaient à un mouvement spécial dit *Habad*, sigle des mots *H*okma (sagesse), *B*ina (pénétration), *D*aath (savoir) – avec une forte insistance sur le retour aux formes talmudiques et aux études du Talmud. Je crois que c'est le monde de Heschel que j'estime beaucoup; ce n'est pas mon monde.

3.2.-3.3. On parlait russe dans la maison de mon père avec les enfants. Pas de ghetto à Kaunas, mais un quartier habité par les Juifs d'une façon plus dense que d'autres. Mes parents habitaient en dehors de ce quartier, mais mes grands-parents habitaient ce quartier. L'assimilation n'avait rien de comparable avec l'assimilation du judaïsme occidental aux valeurs de l'Occident. La conscience d'appartenir au judaïsme, la revendication de cette appartenance, ne pouvaient pas être mises en question. Il fallut dès l'enfance un maître d'hébreu. Ce fut pour moi: leçons particulières et fréquentes, études parallèles aux études générales. Parallélismes qui duraient longtemps. Même les divers 'exodes' de ma famille pendant la guerre de 1914 n'y mettaient pas fin. Ces études hébraïques comportaient dans un esprit sioniste – tout naturel dans mon milieu – de l'hébreu moderne et de la Bible, plutôt que du Talmud. J'ai connu peu le Talmud dans mon enfance. J'y ai été initié très

raisonnement humain, ni dans quelque malentendu idéologique accidentel. Il y a dans cet article la conviction que cette source tient à une possibilité essentielle du Mal élémental où bonne logique peut mener et contre laquelle la philosophie occidentale ne s'était pas assez assûré. Possibilité qui s'inscrit dans l'ontologie de l'être soucieuse d'être – de l'être 'dem es in seinem Sein um dieses Sein selbst geht' selon l'expression heideggerienne.»

tard, au lendemain de la Libération, à Paris, à partir de 1947 par le mystérieux Chouchani – qui était la quintessence de l'esprit *mithnagued* (à côté de toutes ses autres excellences intellectuelles).[5] Mystérieux mais non pas mystique, il ne ressemblait en rien à un 'spirituel' au sens courant du terme qui cause tant de troubles chez des adolescents, chez les 'femmes incomprises' et chez quelques adultes.[6]

3.4. La pensée juive nourrie par le Talmud – quand elle mérite le nom de pensée et repose sur une connaissance qui mérite le nom de *nourriture* – n'a pas encore trouvé d'expression occidentale! Je dois beaucoup au peu de choses que j'ai su en recevoir; mais mes «excercices intellectuels» sont *dans leur façon* – de formation occidentale. Je dois sans doute beaucoup à l'existence et à l'expérience juive, mais dans la large mesure où elle repose sur les pensées qu'elle ignore. *Je ne me situe donc dans aucune case* juive, et me classe uniquement en fonction de ma formation générale; mais là aussi approximativement.

---

[5] Voir le témoignage d'Élie Wiesel, dans: Malka, S., *Monsieur Chouchani*, p. 16: «Il faut vous dire que nous juifs, juifs du Maroc comme de l'Europe de l'Est, avons beaucoup de choses en commun, l'affinité pour la Kabbale, l'amour de l'étranger, le goût du secret. Chouchani, *a priori*, n'était pas des nôtres. Il venait d'une partie différente de l'Europe, là où en principe on n'aimait pas le mystère, là ou n'aimait pas la Kabbale. Il venait de la Lituanie». Voir aussi l'Enquête de Salomon Malka, dans: ibid., p. 76: «M. Chouchani est né à la fin du siècle dernier ou au début de ce siècle. De cela, on peut être à peu près sûr, même si aucun de ceux qui l'ont connu n'a pu lui donner un âge précis. A-t-il vu le jour en Lituanie? en Galicie? en Pologne? en Perse? au Maroc? en Israël? Il ne l'a jamais dit à personne, et personne n'est en mesure de situer clairement son lieu de naissance. On peut seulement supposer, à son yiddish marqué – semble-t-il – par un accent *litwak*, à d'autres indices – comme son goût prononcé pour les raisins secs et les amandes –, que son origine était lituanienne.»

[6] Voir: Salomon Malka, dans: Id., *Monsieur Chouchani*, p. 11: «Cet homme, qui a marqué un grand nombre d'intellectuels juifs en France, dont les plus éminents sont Emmanuel Levinas et vous-même (c.-à-d. Élie Wiesel), est un inconnu. (...) Dans votre œuvre, vous en parlez trois fois, dans *Le Chant des morts. Nouvelles* (Paris, 1966) – un texte intitulé 'le Juif errant' (chapitre X, p. 119-144) –, dans *Paroles d'étranger* – un texte intitulé 'La mort du Juif errant' –, et dans votre essai *Silence et mémoire d'homme.*» Voir aussi: Élie Wiesel, dans: Malka, S., *o.c.*, p. 37: «Lévinas qui est une catégorie à part, parce que aucun des disciples de Chouchani n'a réussi à transformer l'œuvre de Chouchani en philosophie, en système philosophique, en système de valeurs, en système d'idées. Lui, oui. Lévinas est le plus grand philosophie aujourd'hui dans le monde, à mon avis, parce que Chouchani à réussi à lui donner et Lévinas a réussi à recevoir.»

3.5. Méfiance à l'égard de la mystique? Sans doute, certes! *Pour l'enthousiasme* = possession par Dieu – dans la mesure où il signifie non pas extase et ivresse, mais éveil et dégrisement.

3.6.1. J'étais très jeune – mais je pensais que c'est le commencement de tous les accomplissements.

3.6.2. Oui.

3.6.3.-4. Toute ma famille y séjournait. Elle a quitté la Lithuanie à la déclaration de la guerre de 1914 (ou presque) et par étapes successives s'enfonçait en l'immense Russie. À Charkov se trouvait évacué le lycée d'État de ma ville natale. J'y étais admis en 1916 par faveur spéciale parmi les 5 Juifs qui avant la révolution russe pouvaient y être admis sur 40 non-Juifs. La Révolution allait ouvrir la porte à d'autres élèves juifs, mais elle a bientôt supprimé le lycée lui-même. J'avais toujours cependant, jusqu'en 1918, un professeur d'hébreu *à titre privé* (toujours hébreu et Bible, sans Talmud).

3.7. Ce que dit Néher est exact. Mais je n'ai pas participé à la vie de la Communauté juive alsacienne pendant mes années d'études à Strasbourg, où ma famille n'a jamais émigré. Elle périt en Lituanie sous Hitler. Le Dr. Nerson – élève de Chouchani – qui avait été déjà très connu à Strasbourg – je ne l'ai rencontré qu'à Paris en 1937 et c'est là que je me suis lié d'amitié avec lui – c'est par lui que j'ai beaucoup appris.[7]

3.8.1. À Paris.

3.8.2. Ce ne fut pas l'école où j'ai appris – c'est un titre que j'ai inventé pour toute une série de convergences.

3.8.3. Oui. Lui et son disciple et mon ami le Dr. Nerson.

3.8.4. Impossible de la caractériser autrement que par des superlatifs de rigueur, d'exigence, de *possibilité d'arracher un sens aux textes en apparence les plus plats.*

---

[7] Voir: Levinas, E., *Difficile liberté. Essais sur le judaïsme*, Paris, Albin Michel, 1976, p. 374; Id., *Quatre lectures talmudiques*, Partis, Éditions de Minuit, 1968, p. 154; Entretiens Emmanuel Lévinas - Françqois Poirié, dans: Id., *Emmanuel Lévinas. Qui êtes-vous?*, Lyon, La Manufacture, 1987, p. 125, 136; Levinas, E., Henri Nerson (In memoriam: Strasbourg le 2 novembre 1902 - Jérusalem le 10 mai 1980), dans: *Le Journal des Communautés*, mai, 1980; repris dans: Poirié, F., *Emmanuel Lévinas. Qui êtes-vous?*, p. 163-165.

3.8.5. Par des récits d'élèves. L'un d'entre eux m'a dit une fois: la meilleure façon de caractériser M. Chouchani c'est de dire que deux personnes qui l'ont eu comme maître ne pourraient jamais exposer à un tiers qui n'a pas été son élève en quoi consiste en fin de compte le fait d'avoir été son élève – et cependant ils parleront entre eux comme des initiés.

4. La différence est dans la manière. Ce qui se communique dans les écrits juifs «par chaleur» doit se communiquer en philosophie «par lumière». On ne doit pas en philosophie se référer aux versets et aux textes comme à des preuves, mais comme à des images ou formules qui illustrent une pensée justifiée par l'analyse.

5.1.1.-2. Incontestablement un décalage existe entre les deux utilisations du terme *il y a*. Dans le premier cas c'est une menace permanente du non-sens plus absurde que la mort: l'horreur de l'être ineffaçable; dans le deuxième c'est certes indéterminé, mais voluptueux. Votre réconciliation me semble très importante. Surtout que le fond de ma recherche consiste à sortir de l'*il y a* en sortant de l'être – en disant *à-Dieu* à l'être. Cf. dans Autrement qu'être, p. 207-210 (assez tourmentées): en disant adieu qui n'est pas possible que comme à-Dieu.

5.2.-3. Moi autonome – c'est trop précis en raison du nomos – loi. Moi autonome – est postérieur à la Société et aux institutions. Mais il est évident que la corrélation bubérienne serait déjà la *négation* de l'*asymétrie* intersubjective qui est le *principal point pour moi*. C'est l'intentionnalité qui, elle, est corrélative – c'est elle qui *veut à sa mesure* et sur un plan – sur un terrain (sur *une terre*) commun. La relation avec l'*autre* – c'est la relation avec ce qui n'est pas à ma mesure – avec Dieu, laquelle ne devient relation qu'avec *autrui* auquel je suis renvoyé. La relation avec l'autre est question, recherche. Désir. Réponse, prise, assouvissement, ce n'est plus assez.

Emmanuel Levinas félicite Roger Burggraeve de son ouvrage sur l'éthique métaphysique de Levinas: *Mens en medemens, verantwoordelijkheid en God* (le mercredi 10 décembre 1996). Cet ouvrage a été couronné en 1984 du prix Arthur Janssen de l'association universitaire 'Vlaamse Leergangen Leuven'.

7. Une biographie philosophique
Emmanuel Levinas:
penseur entre Jérusalem et Athènes*

Roger Burggraeve

Cette biographie philosophique[1] vise surtout à mettre en relief la bipolarité de la personnalité de Levinas comme penseur: d'une part il est vraiment 'Juif', d'autre part il est 'Occidental' à part entière. Sa pensée se développe entre les pôles de Jérusalem et d'Athènes, entre la *prophétie* et la *philosophie*.[2] Toutefois, il est philosophe au sens strict du terme, n'utilisant en aucune manière de textes bibliques ou juifs comme argument ou preuve de points de vue réflexifs, tout au plus comme illustration. Cela n'empêche pas que, comme c'est le cas de tout autre philosophe, ses 'expériences naturelles' ou 'expériences préphilosophiques' (De Waelhens), notamment ses expériences de base juives, se font sentir à travers toute sa pensée philosophique. Mais dans ses écrits typiquement juifs, il reste également philosophe, parce qu'il vise toujours à traduire les convictions et textes juifs 'en grec',[3] c'est-à-dire à révéler leurs dimensions métaphysiques, anthropologiques et éthiques pour les rendre réflexivement communicables.[4]

---

* Cette biographie philosophique est une adaptation d'une étude écrite par Roger Burggraeve après le décès de Levinas le 25 décembre 1995, 'en mémoire scrupuleuse' d'un 'maître à penser' extraordinaire. Elle à été publiée en néerlandais dans le recueil: Burggraeve, R., Anckaert, L. (éd.), *De vele gezichten van het kwaad. Meedenken in het spoor van Emmanuel Levinas*, Leuven/Amersfoort, Acco, 1996, p. 177-207. La traduction française est de Nele De Kimpe et Annick Geenen (traductrices du HBK-Banque d'Épargne Anvers).

[1] Pour une biographie philosophique approfondie et extensive, voir le livre magistral de: Lescourret, M.A., *Emmanuel Levinas*, Paris, Flammarion, 1994, 420 p.

[2] Levinas, E., *Totalité et Infini. Essai sur l'extériorité*, La Haye, Martinus Nijhoff, 1961, p. XII.

[3] Levinas, E., *A l'heure des nations* (Lectures talmudiques et discours juifs), Paris, Éditions de Minuit, 1988, p. 156, 203.

[4] Levinas, E., *Difficile liberté. Essais sur le judaïsme* (1963), Paris, Albin Michel, 1976, deuxième édition refondue et complétée, p. 36.

Le pôle de Jérusalem

Levinas est né à Kovno (Kaunas à l'heure actuelle) en Lituanie[5] le 30 décembre 1905, du moins d'après le calendrier julien en vigueur à ce moment-là en Russie tsariste et ses zones périphériques; d'après notre calendrier grégorien, il est né le 12 janvier 1906. En tant que capitale provinciale et centre culturel important à l'époque, Kovno était l'une des plus grandes villes de la Lituanie, à part l'Estonie et la Lettonie l'un des trois États baltiques, avoisinant la Biélorussie à l'est. Levinas faisait partie d'une famille de petite bourgeoisie, qui s'était hissée en faisant du commerce et en travaillant dur. Son père était le libraire Jehiel Levinas[6] et sa mère Dvòra Gurvitch.

Dès sa plus tendre enfance (6 ans), un professeur à titre privé l'a initié à l'hébreu 'moderne' et, en prolongement, à la Bible. Parallèlement à ses années d'enseignement primaire et secondaire, ces leçons particulières étaient données à un rythme continu et intense, jusqu'en 1918. Même les nombreux exodes et pérégrinations de sa famille pendant la Première Guerre mondiale n'y mettaient pas fin. L'adjectif 'moderne' ne signifie pas qu'il s'agissait d'un autre hébreu que la langue biblique, mais qu'il s'agissait de l'approche de l'hébreu comme langue moderne, c'est-à-dire comme une langue libérée de l'"empire' des textes religieux, sans que l'étude des textes bibliques en hébreu soit négligée pour autant. Dans le même esprit 'moderne' de son milieu, il n'a pas été initié au Talmud (à voir comme l'ensemble historique de commentaires rabbiniques sur et interprétations de la Loi de Moïse), dont il soulignerait plus tard l'essentialité pour le judaïsme. Sa

---

[5] Pour une information élaborée sur la Lituanie juive, voir le recueil: Plasseraud, Y., Minczeles, H. (réd.), *Lituanie juive 1918-1940. Message d'un monde englouti*, Paris, Éditions Autrement (Collection Mémoires n° 44), 1996. Voir e.a.: les contributions de Ugné Karvelis, Yves Plasseraud, Odile Saganas, Ariel Sion, Henri Minczeles, Amain Dieckhoff, Itzhok Niborski, Dov Levin.

[6] Le nom originel était Levine (à prononcer Lévine), ensuite lituanisé en Levinas. Voir: de Dianoux, H.J., Emmanuel Lévinas, 1906-1995, dans: Plasseraud, Y., Minczeles, H. (réd.), *o.c.*, p. 208. Notez que Levinas signe toujours par «Levinas» en ne pas par «Lévinas».

formation juive originelle doit être qualifiée dès lors plutôt de juive générale que de typiquement talmudique.[7]

Le passé juif mitnagged

Toutefois, son passé juif général est marqué par le judaïsme *mitnagged*. *Mitnagged* signifie littéralement 'opposant'. L'objet de cette opposition était le *hassidisme*. Ce hassidisme est né au milieu du 18ème siècle comme une espèce de judaïsme de piété parmi les Juifs de campagne souvent illettrés des provinces ukrainiennes de la Pologne de l'époque (la Volhynie, la Podolie, la Galicie). Le courant était inspiré par Israël ben Eliëzer (1700-1760), surnommé le Baäl Sjem Tov, à comprendre comme 'le Seigneur gentil du Nom (de Dieu)' et comme 'celui à qui appartient le bon nom' ou 'homme de confiance du peuple'. Il enseignait que la vraie religion ne consiste pas nécessairement en l'étude des textes juifs mais en l'amour immédiat, sincère et joyeux pour Dieu. L'essence de cette dévotion vivante est l'*enthousiasme* ('hitlahawoet'), littéralement 'être en Dieu' ('en-theos-eimi'), comme Buber l'indique dans *Die Erzählungen der Chassidim* (1965). Les enthousiasmants sont appelés les 'tsaddikim', les justes, plus exactement 'ceux qui sont jugés d'être justes et bons'; les enthousiasmés sont appelés les 'hassidim', les pieux, plus exactement ceux qui sont fidèles à l'alliance et constituent également les communautés hassidiques, sous la conduite des tsaddikim. L'enthousiasme se traduit concrètement par une participation directe à et une expérience intense de l'omniprésence de Dieu, tant dans la prière enflammée que dans la vie quotidienne avec ses tâches et engagements.

Le hassidisme se heurtait à une forte opposition, surtout chez les Juifs de la Lituanie et de la Biélorussie, où régnait un judaïsme plutôt sobre et intellectuel, fondé sur la discipline de l'étude talmudique. L'opposition au hassidisme était déclenchée par Elijah

---

[7] Entretiens Emmanuel Levinas - François Poirié, dans: Id., *Emmanuel Levinas. Qui êtes-vous?*, Lyon, La Manufacture, 1987, p. 67.

ben Solomon (1720-1798),[8] nommé également le Gaon de Vilna (Vilnious, toujours la capitale de la Lituanie), et menée ensuite par les 'mitnaggedim' ou opposants. Selon Levinas, Elijah ben Solomon était l'un des derniers grands talmudistes de génie. D'ailleurs, il était aussi le fondateur de la Yeshivah ou 'académie pour l'étude supérieure du Talmud', où le Talmud n'est plus étudié en privé mais en groupe et sous la conduite d'un maître du Talmud. Dans ses écrits juifs, Levinas se réfère à plusieurs reprises au Rabbi Chaïm Voloziner (1789-1821), le disciple préféré du Gaon de Vilna. Il consacre même à lui une étude détaillée et approfondie, éclairant d'ailleurs plusieurs aspects de sa propre pensée: *A l'image de Dieu, d'après Rabbi Haïm Voloziner* (1977).[9] Dans une étude publiée beaucoup plus tard, *Judaïsme et kénose* (1985), il se réfère de nouveau à la pensée de ce dernier.[10] D'ailleurs, Levinas souligne qu'en Europe de l'Est, la Lituanie était le pays et Vilna la ville en particulier, où le judaïsme prenait son plus grand essor spirituel. Le niveau de l'étude talmudique y était très élevé et il y régnait toute une 'vie juive' fondée sur cette étude et vécue comme étude.[11] Dans le pays natal de Levinas régnait clairement un judaïsme intellectuel.[12]

Par conséquent, Levinas était clairement influencé par le judaïsme mitnagged, pas tellement par certaines idées mais par la tendance sous-jacente générale et la spiritualité. Bien que l'opposition des mitnaggedim au hassidim retombe après quelque temps, les deux façons d'être Juif ne se sont jamais unifiées au cours de l'histoire. Cela se manifeste non seulement par l'usage de deux différents livres de prières dans la liturgie mais surtout par l'accent sur l'émotivité, l'intériorité, la subjectivité et 'l'expérience de Dieu' dans le hassidisme d'une part et sur la rationalité de

---

[8] Voir: Malthète, J.-F., Le Gaon de Vilna, 1720-1798, dans: Plasseraud, Y., Minczeles, H. (réd.), *o.c.*, p. 193-206.

[9] Levinas, E., *L'au-delà du verset. Lectures et discours talmudiques*, Paris, Éditions de Minuit, 1982, p. 182-200.

[10] Levinas, E., *A l'heure des nations*, p. 138-151.

[11] Voir aussi: Drezdner, H.V., L'amour du Talmud, dans: Plasseraud, Y., Minczeles, H. (réd.), *o.c.*, p. 186-192.

[12] Entretiens Emmanuel Levinas - François Poirié, dans: Id., *o.c.*, p. 64.

'l'acharnement' extérieur, objectif à l'étude talmudique dans le judaïsme mitnagged d'autre part. Même sans les angles de l'opposition, la différence était encore réelle au moment où Levinas était initié à la vie juive. C'est surtout par cette différence d'accentuation dans le climat et la tonalité que Levinas était marqué comme Juif. A partir de son passé mitnagged, nous comprenons sa réserve presque instinctive – d'après certains même exagérée et presque obsessionnelle – envers l'enthousiasme mystique et envers tout réveil dit religieux spécifique avec sa nostalgie ressurgissante d'une expérience religieuse intense et 'pathétique' d''intériorisation' et d''esprit' intenses. Son premier ouvrage contenant un receuil d'essais sur le judaïsme, *Difficile liberté*, paru en 1963 et réédité en 1976 dans une version refondue et élargie, est une illustration prégnante de la rationalité mitnagged, à partir de laquelle Levinas interprète le judaïsme et plaide pour l'assiduité intellectuelle et philosophique aux 'textes juifs', qui, d'après lui, 'donnent à penser' eux-mêmes, c'est-à-dire qu'ils constituent une propre façon de penser, qui les rend dignes d'une réflexion critique 'persévérante' et insistante.

Toutefois, sa rationalité mitnagged n'influence pas seulement son approche de la tradition et des textes juifs, mais aussi sa pensée philosophique. En effet, son judaïsme intellectuel rencontre la préférence occidentale pour la pensée, telle qu'elle s'est manifestée dans la pensée grecque et, sous un aspect renouvelé, au siècle des lumières. Les deux, les intellectualités juive et occidentale, se sont renforcées mutuellement chez lui jusqu'à ce qu'il appelle lui-même 'sa fidélité à l'intellectualisme de la raison'.[13]

Accès intellectuel aux textes juifs

Ce n'est pourtant qu'à partir de 1947 que Levinas s'est consacré au Talmud, sous la conduite de Chouchani,[14] «maître prestigieux

---

[13] Levinas, E., *Totalité et Infini*, p. XVII.
[14] de Dianoux, H.J., *a.c.*, dans: Plasseraud, Y., Minczeles, H. (réd.), *o.c.*, p. 212: «C'était Mordehaï Rosenbaum, né en Lituanie, décédé à Miontevideo en 1965»..Voir aussi: Entretiens Emmanuel Lévinas - François Poirié, dans: Id., *o.c.*, p. 127: «M. Chouchani acceptait

– et impitoyable – d'exégèse et de Talmud»,[15] représentant, selon Levinas, le summum de ce que le judaïsme mitnagged avait à offrir.[16] Son approche non pieuse mais intellectuelle-inventive du Talmud a amené Levinas à traduire ses expériences fondatrices hébraïques dans la langue de la philosophie occidentale. Nous en trouvons les suites dans ses leçons et discours talmudiques, qu'il donnait à partir de 1957 presque chaque année à l'occasion des colloques des 'intellectuels juifs de langue française' à Paris et qui étaient recueillis par la suite dans: *Quatre lectures talmudiques* (1968),[17] *Du sacré au saint. Cinq nouvelles lectures talmudiques* (1977),[18] *L'au-delà du verset. Lectures et discours talmudiques* (1982),[19] *A l'heure des nations* (1988)[20] et *Nouvelles lectures talmudiques* (ouvrage posthume: publié en janvier 1996, un mois après son décès, le 25 décembre 1995).[21] Par le biais du Talmud, saisi comme l'ouvrage de *sages* et non pas de prêtres, prophètes ou théologiens, il approche la Bible en premier lieu non pas comme un ensemble de vérités révélées qui – interprétées par une autorité sanctionnée[22] – doivent être acceptées, mais comme une pensée ayant au moins autant de droit dans la philosophie que les versets

une chambre chez moi; il y venait une ou deux fois par semaine. Cela a duré quelques années, deux ou trois ans, je ne peux pas vous dire exactement, et puis un beau jour, sans dire au revoir, il est parti».
    [15] Levinas, E., *Difficile liberté* (1976), p. 373.
    [16] Levinas, E., *L'humanité est biblique* (entretien), dans: Weber, E., *Questions au judaïsme. Entretiens avec Élisabeth Weber*, Midrash Débats, Frankfurt am Main/Paris, Jüdischer Verlag im Suhrkamp Verlag/Desclée de Brouwer, 1994/1996, p. 147-148: «C'est en France que j'ai rencontré, à trente-cinq ans, cet homme extraordinaire qui était un génie au sens propre du terme. Extérieurement il avait l'air d'un homme quelconque. C'est lui qui m'a fait sentir le souffle du Talmud. On ne pouvait pas l'égaler. (…) D'ailleurs, il connaissait aussi la philosophie, même s'il n'en discutait pas. Et il avait une grande admiration pour les mathématiques. C'était un homme difficile de contact, mais sa force intellectuelle était effrayante.»
    [17] Levinas, E., *Quatre lectures talmudiques*, Paris, Éditions de Minuit, 1968, 189 p.
    [18] Levinas, E., *Du sacré au saint. Cinq nouvelles lectures talmudiques*, Paris, Éditions de Minuit, 1977, 183 p.
    [19] Levinas, E., *L'au-delà du verset. Lectures et discours talmudiques*, Paris, Éditions de Minuit, 1982, 237 p.
    [20] Levinas, E., *A l'heure des nations*, Paris, Éditions de Minuit, 1988, 217 p.
    [21] Levinas, E., *Nouvelles lectures talmudiques*, Paris, Éditions de Minuit, 1996, 97 p.
    [22] Voir aussi: Levinas, E., *L'au-delà du verset*, p. 164, 166-167, 168-169.

des présocratiques, d'Homère, de Trakl, de Hölderlin ... Une telle approche est basée sur la conviction typiquement talmudique que l'Écriture, en tant qu'expression d'une culture humaine et non seulement religieuse, peut impliquer une rationalité puissante et peut donc être accessible à une pensée exigeante, ou qu'elle constitue plutôt elle-même une façon de penser originale, en même temps 'obstinée', ce qui la rend justement si intéressante et provoquante.[23]

En 1946, Levinas est devenu directeur de l'*École Normale Israélite Orientale* à Paris, préparant des professeurs de français aux écoles juives d'enseignement primaire dans les pays méditerranéens (entre autres la Tunésie et le Maroc). Dans cette fonction, qu'il occupe jusqu'à son entrée à l'université en 1961,[24] il encourageait fortement le dévouement intellectuel franc et persistant à l'étude des sources écrites de la tradition juive. Parallèlement à ses efforts pour transformer *l'École Normale Israélite Orientale* – 'École de maîtres' – en 'École de cadres', Levinas voulait libérer le judaïsme de son ghetto culturel privatisé et 'cléricalisé', pour ainsi dire. Par conséquent, pendant l'après-guerre des années cinquante-soixante, il a plaidé assidûment pour un 'judaïsme intellectuel non-pieux': «le judaïsme ne peut survivre que s'il est reconnu et propagé par des laïques».[25] Ce judaïsme intellectuel n'est possible que si les textes juifs, qui, au sein de l'orthodoxie traditionaliste, sont réservés aux ministres du culte, sont libérés de cette situation monopolistique – souvent dogmatisante ou apologétique – et sont de nouveau *étudiés*.[26] Pour que les textes juifs «puissent nourrir les âmes, il faut qu'à nouveau elles nourrissent les cerveaux».[27] Ils doivent devenir l'objet de la pensée, non pas d'une érudition historique-archéologique émue mais d'une pensée exigeante, qui les interroge et 're'-pense de telle sorte qu'ils révèlent leurs 'enseignements',

---

[23] Levinas, E., *Difficile liberté* (1976), p. 352.
[24] Entretiens Emmanuel Levinas - François Poirié, dans: Id., *o.c.*, p. 87.
[25] Levinas, E., *Difficile liberté* (1976), p. 322.
[26] Pour approfondir cette idée, voir: Levinas, E., Écrit et sacré, dans: Viellard-Baron, J.-L., Kaplan, F., (éd.), *Introduction à la philosophie de la religion*, Paris, Éditions du Cerf, 1989, p. 353-355.
[27] Levinas, E., *Difficile liberté* (1976), p. 343.

à savoir leurs idées viables sur l'homme, le monde, la société et Dieu. Selon Levinas, cette 'pensée juive' est même la principale condition de survie du judaïsme. [28] Seule une telle approche trans-historique des textes juifs rend possible une 'élite intellectuelle juive' indispensable, qui peut être la vraie 'maîtresse' du judaïsme par son appropriation réflexive des textes hébraïques essentiels. En 1959, Levinas rêve dès lors d'unir le nombre croissant de jeunes intellectuels universitaires autour des centres de formation juifs à Paris, à savoir son *École Normale* et surtout le *Centre Universitaire d'Études Juives*, dans un large groupe de réflexion, ou plutôt dans un mouvement philosophique. Il a appelé ce mouvement, non sans humour, 'École de Paris', même si la plupart des adeptes n'étaient pas originaires de France mais d'Oran, d'Obernai, de Moscou, de Kiev, de Tunis et d'ailleurs. [29] Cet engagement dans la formation d'une intelligentsia juive spécifique l'a incité également à approcher les textes juifs, et le Talmud en particulier, en tant que philosophe, dont les 'leçons et discours talmudiques' mentionnés ci-dessus constituent les suites.

Traumatisme de la persécution raciste

Un autre aspect important de son passé juif est ce que l'on pourrait appeler son *expérience de persécution raciste*. Dans son enfance, Levinas avait beaucoup entendu parler des 'pogroms' ou colères populaires contre les Juifs, entre 1881 et 1917, en Russie tsariste. A l'âge de 11 ans, il a vécu lui-même la révolution d'Octobre bolcheviste (1917) en Ukraine, lorsque sa famille s'y était enfuie à partir de 1914 en plusieurs étapes par peur de la force des armes – ce qui impliquait, selon ses dires, qu'il n'avait eu qu'une courte enfance. [30] C'est dans cette période, qui durait jusqu'en 1920 quand la famille retournait en Lituanie, qu'il est entré en contact avec la violence amère de la persécution des Juifs. L'attitude initia-lement pro-juive de Lénine et des bolcheviks, dont beaucoup

---

[28] Ibid., p. 330.
[29] Levinas, E., *Quatre lectures talmudiques*, p. 23.
[30] Entretiens Emmanuel Levinas - François Poirié, dans: Id., *o.c.*, p. 63.

étaient d'ailleurs Juifs, explique pourquoi les Juifs ont dû subir tant de souffrances sous les contre-révolutions, surgissant surtout en Biélorussie et en Ukraine contre les *Armées rouges* des bolcheviks et soutenues par les Alliés. Chaque pénétration des *Armées* dites *blanches* était suivie d'une vraie flambée de terreur et de violence contre les Juifs locaux. Quant à ces explosions de terreur, Levinas témoigne dans sa lettre reprise ci-dessus (1975) que la révolution russe signifiait pour lui «le début de tous les développements ultérieurs».

Ce *traumatisme de la persécution raciste* l'a marqué d'une façon ineffaçable par l'extermination horrible des Juifs par Hitler et les S.S., tant avant que pendant la deuxième Guerre mondiale. Dans l'article autobiographique *Signature*, il écrit: «Cette biographie est dominée par le pressentiment et le souvenir de l'horreur nazie».[31] Sur la période 1933-1939, pendant laquelle le pressentiment de l'horreur nazie se manifestait de plus en plus, il écrit: «Représentons-nous l'atmosphère de cette époque de fin du monde – 1933-1939! Approche de la guerre, progression de la croix gammée acclamée par les foules!».[32] A partir de cette menace apocalyptique de la dissolution de l'histoire même, Levinas a écrit déjà en 1935: «L'hitlérisme est la plus grande épreuve – l'épreuve incomparable – que le judaïsme ait eue à traverser. Les souffrances morales et physiques qu'il a values et qu'il annonce aux israélites allemands, n'est plus à la mesure de leur endurance ancestrale.»[33] Ceux qui, non seulement en Allemagne mais, à cause de la guerre, partout en Europe, étaient parmi les survivants de la persécution nazie, soit par hasard, soit par une distraction de la Gestapo ou par un oubli du destin, étaient, au sens littéral du terme, 'marqués'. Ils gardaient dans le côté une brûlure mordante comme s'ils avaient vu de trop près l'Interdit et l'Indicible et comme s'ils devaient porter pour toujours la honte de leur survie.[34]

---

[31] Levinas, E., *Difficile liberté* (1976), p. 374.
[32] Ibid., p. 220-221.
[33] Levinas, E., L'inspiration religieuse de l'Alliance, dans: *Paix et droit*, 1935, n° 8, octobre, p. 4.
[34] Levinas, E., *Difficile liberté* (1976), p. 337.

Par conséquent, nous pouvons interpréter toute la pensée de Levinas comme une immense tentative pour dégager les racines de la violence et du racisme et comme un effort pour dépasser fondamentalement une telle chose par le biais d'une *autre pensée*. Cette 'autre pensée' s'épanouit dès le début comme une pensée sur 'l'autre', car, d'après Levinas, c'est justement l'autre que le racisme nie. Le mal réside pour lui dans 'l'être' pour autant que cet être, dont la 'tentative d'être' est une expression éminente, absorbe tout le reste. C'est exactement ce mal de la 'réduction de l'autre au même' que Levinas découvre dans l'antisémitisme comme une spécification radicalement poussée du racisme.[35] Dans l'antisémitisme, la haine vise le Juif comme un autre insupportable. Quant au racisme, l'ennemi est l'autre en tant que tel, c'est-à-dire non sur la base de la personnalité, d'un certain trait de caractère ou d'un certain comportement estimé irritant ou moralement condamnable, mais en raison de son altérité même. Dans l'antisémitisme, l'autre est toujours le coupable et jamais moi-même – comme l'incarnation du 'même' qui non seulement s'approprie tout mais encore se fait valoir comme principe de sens et de valeur. Or, selon Levinas, c'est justement ce mal, ou plutôt ce mal fondamental de l'antisémitisme et de tout racisme, contre lequel il faut lutter. Voilà pourquoi il arrive, exactement partant de l'expérience de la persécution raciste, à décrire l'éthique comme attention et respect pour l'autre en tant qu'autre, comme faire justice à l'autre, comme responsabilité inconditionnelle pour autrui dans son altérité, appelé par lui également miséricorde et 'bonté'. A première vue, la bonté semble une idée simple, même banale, mais pour Levinas elle perd tout son simplisme à la lumière du mal qu'elle veut dépasser. L'idée fondatrice de Levinas du par-et-pour-l'autre – l'autre qui est toujours 'l'étranger' – suppose, ou prend même toute sa force à la lumière de la négation et de la destruction racistes de l'autre. La bonté est l'opposé absolu d'une pensée bon marché et naïve, uniquement bonne pour les

---

[35] Levinas, E., La vocation de l'autre (entretien par Emmanuel Hirsch), dans: Id., *Racismes. L'autre et son visage*, Paris, Éditions du Cerf, 1988, p. 96-101.

âmes pieuses ou les adolescents idéalistes ne connaissant pas encore la réalité de la vie. La bonté comme engagement pour autrui n'est pas une idée évidente, 'naturelle', émergeant spontanément dans nos aspirations quotidiennes. Tout au contraire, elle établit un 'ordre inverse', une 'Umwertung aller Werte', puisqu'elle s'oppose radicalement à notre aspiration d'être 'ordinaire' ou 'naturel' – à l'être même. Ce n'est que lorsque nous comprenons la bonté comme antiracisme – et anti-antisémitisme – que nous pouvons nous rendre compte de sa vraie nature révolutionnaire et contrariante. Pour utiliser une image – une image provenant de Levinas lui-même – la bonté va si loin qu'elle va aimer le froid, en soi et pour soi, tandis que par nature nous apprécions plutôt la chaleur. La véritable signification et portée de la bonté, à comprendre comme engagement inconditionnel pour l'autre, consiste précisément à vaincre le mal visant la réduction et la destruction de l'autre en établissant une 'autre' attitude envers l'autre, reposant exactement sur le respect attentif qui met l'autre en valeur. Dans ce sens, l'idée de Levinas de la responsabilité pour autrui ne peut jamais être pensée ni explicitée sans faire référence à son opposé, son revers négatif, auquel elle s'oppose justement, à savoir le mal de la haine, non de l'homme en général mais de l'autre homme, de l'altérité de l'autre homme.[36] Sur la base de son expérience de persécution, la pensée de Levinas est devenue une pensée antiraciste par excellence.[37]

Finalement, l'émigration de Levinas en France en 1923 a également à voir avec l'antisémitisme, sans qu'on y puisse découvrir

[36] Dans ce sens l'éthique se réalise initialement comme un mouvement apparemment négatif, c-est-à-dire comme un mouvent de retenue, un mouvement qui ne se laisse pas séduire par l'urgence du 'conatus essendi', mais qui recule devant la violence qui s'annonce dans le conatus qu'on sent comme la pulsion la plus 'naturelle' comme si elle était 'la vraie vie'. Voir e.a.: Levinas, E., *Nouvelles lectures talmudiques*, Paris, Éditions de Minuit, 1996, p. 24-25: «La vie humaine commence là où cette vitalité, en apparence innocente, mais virtuellement destructrice, est maîtrisée par les interdits. La civilisation authentique, quels que soient les échecs biologiques ou les défaites politiques qu'elle amène, ne consiste-t-elle pas à retenir le souffle de la vie naïve (…)?» Voir aussi: ibid. p. 94-96.
[37] Emmanuel Levinas. Conversation avec un juste (entretien par Daniel Salvatore Schiffer), dans: *L'événement du jeudi*, 1996, n° 585, le 18-24 janvier, p. 78-79.

toute la signification de son émigration.[38] Les dispositions pro-
hibitives, lancées par les communistes dès 1919-1920 contre le
sionisme et contre l'enseignement religieux (juif), étaient la raison
pour laquelle Levinas, à l'âge de 18 ans, tout comme tant d'autres
Juifs russes – en passant outre à l'Allemagne – a émigré en France,
pays qui était pour les communautés juives de l'Europe de l'Est
l'endroit où les prophéties se réalisaient. Il s'est établi à Strasbourg,
où, après une année d'études de français et de latin, il a commencé
à étudier la philosophie à l'université. C'est dans cette même
période, qu'il s'est lié d'amitié avec le Juif Maurice Blanchot, qui
est arrivé à Strasbourg deux ou trois ans après Levinas et avec qui
il a passé beaucoup de temps pendant ses années d'études. Plus
tard, c'était d'ailleurs Blanchot qui, pendant la guerre dans la
France occupée, s'est préoccupé du sort de la femme de Levinas,
qui avait été arrêtée par les Allemands. Levinas avait de Blanchot
l'impression «d'une extrême intelligence, d'une pensée se donnant
comme une aristocratie»,[39] bien qu'il se range, en tant que monar-
chiste, à des idées politiques tout à fait différentes de celles de
Levinas. Leur solide amitié leur permettait, pendant leur séjour
à Strasbourg, d'accéder mutuellement à leurs pensées, de sorte
qu'une interpénétration est née, se révélant plus tard entre autres
dans le fait que dans leurs ouvrages l'un se réfère à l'autre et l'on
rencontre des idées analogues. En outre, Levinas a consacré plusieurs études à la pensée de Blanchot, dont quatre ont été
recueillies dans *Sur Maurice Blanchot* (1975).[40]

Par l'influence de ses maîtres à Strasbourg, à savoir Maurice
Pradines professeur de philosophie générale, Charles Blondel
professeur d'une psychologie très antifreudienne, le sociologue

---

[38] Voir: Entretiens Emmanuel Levinas - François Poirié, dans: Id., *o.c.*, p. 69: «F.P. – En
1923, vous partez pour la France. Pourquoi la France? E.L. – Parce que c'est l'Europe! On
a choisi la France à cause du prestige du Français. On a choisi en France la ville la plus rap-
prochée de Lituanie, Strasbourg. (…) Et il devait y avoir déjà quelque chose d'antipathique
en Allemagne à cette époque-là, peut-être le désordre de l'inflation et de ses menaces où le
désordre était prévisible, peut-être des pressentiments».
[39] Ibid., p. 71.
[40] Levinas, E., *Sur Maurice Blanchot* («Essais»), Montpellier, Fata Morgana, 1975,
84 p.

Maurice Halbwachs, Henri Carteron professeur de philosophie antique et succédé, après sa mort prématurée, par Martial Guéroult, toutes des personnes qui étaient encore jeunes à l'époque de l'affaire *Dreyfus*, Levinas – en tant que nouveau venu – est touché par «la vision éblouissante d'un peuple qui égale l'humanité et d'une nation à laquelle on peut s'attacher par l'esprit et le cœur aussi fortement que par ces racines».[41] Par ces paroles, il se réfère aux idéaux humanistes de la révolution française, 'liberté, égalité, fraternité', qui, au-delà de tout principe de nationalité serré, font des droits de l'homme la base d'une digne cœxistence.[42] Il appelle la France dès lors «le pays des Droits de l'homme».[43]

Le pôle d'Athènes

L'influence occidentale chez Levinas ne commence pas à Strasbourg, mais date déjà de son enfance. Selon ses dires, la plus grande partie de ses exercices intellectuels n'étaient pas typiquement juifs mais plutôt de nature occidentale. Bien qu'au début du 20ème siècle, le judaïsme lituanien soit toujours imprégné du judaïsme mitnagged intellectuel et que les générations (aussi les parents du jeune Levinas) continuent à familiariser leurs enfants avec l'hébreu, ils voyaient plus d'intérêt et d'avenir dans la langue et la culture russes. C'est pourquoi la littérature russe a joué un rôle très important dans la formation de Levinas: importance et prestige qui n'ont pas cessé d'exister aux yeux de Levinas, malgré sa formation profonde ultérieure par la mentalité et l'esprit de l'Europe occidentale.

De la littérature russe à la phénoménologie

Puisque ses parents, en tant que Juifs 'assimilés', n'habitaient pas le quartier dit juif de *Kovno* et qu'ils parlaient le russe chez

---

[41] Levinas, E., *Difficile liberté* (1976), p. 373.
[42] Levinas, E., *Hors sujet*, Montpellier, Fata Morgana, 1987, p. 175.
[43] Levinas, E., *Difficile liberté* (1976), p. 332.

eux,[44] Levinas s'est familiarisé directement en russe avec les auteurs russes classiques, tels que Pouchkine, Lermontov, Gogol, Tourgueniev, Tolstoï et surtout Dostoïevsky, à qui il se référera souvent. Durant cette même période, il entre aussi en contact avec les grands écrivains de l'Europe occidentale, dont surtout Shakespeare, qu'il associera à sa pensée à plusieurs reprises et dont il admire surtout Hamlet, Macbeth et King Lear. Même si on commence à penser par certaines expériences traumatisantes, telles qu'une séparation, une scène de violence ou la notion brusque de la monotonie du temps, pour lesquelles on cherche des mots à tâtons mais n'en trouve pas, c'est, d'après Levinas, justement par la lecture de livres que les expériences de choc initiales avec toutes leurs hésitations tâtonnantes deviennent des questions et des problèmes. Les livres donnent à penser. Non seulement ils offrent des mots mais surtout ils permettent de partager 'la vraie vie qui est absente' mais qui n'est pas utopique ni impossible. Contrairement à toute méfiance à l'égard du 'savoir livresque', considérant le livre seulement comme source d'information, 'ustensile' de l'apprendre ou 'manuel', Levinas a toujours éprouvé un profond sentiment pour la portée 'ontologique' du livre comme une modalité même de notre existence humaine. A cet effet, ces livres ne doivent pas du tout être de nature philosophique. Tout au contraire, ils peuvent également – ou même de préférence – être des romans, de la poésie, des pièces de théâtre et cetera. A cet égard, les classiques russes et Shakespeare ont été pour Levinas une bonne préparation à Platon et à Kant et au problème philosophique du 'sens de l'humain', ou du 'sens de la vie', sur lequel s'interrogent sans cesse les personnages des romanciers russes.[45] En

[44] Voir le témoignage de Levinas, dans: Entretiens Emmanuel Lévinas - François Poirié, dans: Id., o.c., p. 64. Voir aussi: de Dianoux, H.J., a.c., dans: Plasseraud, Y., Minczeles, H. (réd.), o.c., p. 208: «La population de la ville de Kaunas était alors, comme beaucoup de localités du 'Yiddishland' – la zone de résidence des Juifs dans l'empire des tsars, donc Lituanie comprise –, à majorité juive. Il y avait des fonctionnaires impériaux parlant russe; les Lituaniens, paysans en presque totalité, étaient minoritaires, leur langue écrite interdite avant 1904! A coté du yiddish et de l'allemand, le russe était pratiqué (...) par la bourgeoisie marchande et l'intelligentsia juive».
[45] Levinas, E., *Éthique et Infini. Dialogues avec Philippe Nemo*, Paris, Librairie Arthème Fayard et Radio-France Culture, 1982, p. 15-16.

effet, lire, c'est s'élever et 'obéir' à l'extériorité, au vraiment nouveau n'émergeant pas de nous-mêmes mais qui pénètre comme
une 'révélation' de l'étranger dans notre existence et nous touche
de telle sorte que nous devenions – tout en restant 'le même' –
radicalement un 'autre'.[46]

Lorsque Levinas arrive à Strasbourg en 1923, il entame immédiatement ses études supérieures, couronnées d'une 'Licence ès
Lettres' en février 1927. A titre de préparation pour sa thèse de
doctorat en philosophie, il commence à étudier la phénoménologie
dans cette même année 1923, sous la conduite de Jean Héring
(1890-1966), devenu en 1926 'maître des conférences' à la faculté
protestante de l'université de Strasbourg et nommé peu après professeur titulaire à la même faculté (jusqu'en octobre 1954, lorsqu'il
a dû démissionner pour des raisons de santé). Levinas s'est adressé
à Héring parce que c'était la personne la plus qualifiée à Strasbourg pour l'initier à la phénoménologie. En effet, en 1925, Héring
a publié sa thèse de doctorat en philosophie, intitulée «Phénoménologie et philosophie religieuse». C'était la première étude publiée
en France sur la totalité du mouvement phénoménologique croissant (et donc non seulement sur Husserl), avec lequel il avait
fait connaissance pendant son séjour d'études à Göttingen dans la
personne de Husserl et le 'cercle Göttingen' ('Göttingenkreis'), se
formant autour de lui et dont faisaient partie entre autres: Moritz
Geiger, Theodor Conrad, Dietrich Von Hildebrand, Hedwig
Conrad-Martius, Alexander Koyré, Roman Ingarden, Fritz Kauf-
mann, Edith Stein. L'initiation de Héring à la phénoménologie
a tellement impressionné Levinas qu'il a décidé d'approfondir sa
connaissance de ce nouveau mouvement philosophique sous la
conduite du grand maître, Edmund Husserl lui-même. C'est la
raison pour laquelle il est parti en 1928 pour la ville allemande de
Freiburg-in-Bresgau, où Husserl enseignait depuis 1916. Levinas a
passé deux semestres à Fribourg, à savoir le semestre d'été de 1928
(mars-juillet) et le semestre d'hiver de 1928-29 (octobre-février).

---

[46] Voir: Levinas, E., Exégèse et transcendance. A propos d'un texte du traité *Makoth*
23b, dans: Nahon, G., Touati, Ch. (éd.), *Hommage à Georges Vajda. Essai d'histoire et de
pensée juives*, Louvain, Éditions Peeters, 1980, p. 103-104.

Pendant le semestre d'été, il a assisté à la dernière série de séminaires de la carrière de Husserl et il a même fait un exposé lors de la toute dernière réunion fin juillet 1928. Pendant le semestre d'été, il a également assisté aux conférences occasionnelles et très suivies données par Husserl, en remplacement de l'enseignement régulier qu'il a cessé de donner peu à peu pour se retirer complètement à la fin du semestre d'hiver – donc fin janvier 1929 – afin de pouvoir se consacrer à la publication de ses nombreux manuscrits.

Non seulement Levinas est allé en apprentissage chez Husserl mais encore il est entré en contact avec lui personnellement et est même devenu un de ses familiers. La preuve en est entre autres que Levinas a été invité à donner quelques cours privés de français à Malvina, la femme de Husserl (cela pour aider Levinas un peu financièrement, sans que cela ressemble à une 'aumône'). Cela s'est fait à titre de préparation pour un voyage imminent à Paris, où Husserl avait été invité à exposer sa phénoménologie. C'est d'ailleurs de ces conférences que sont nées ses fameuses *Méditations cartésiennes* (1931), dont Gabrielle Peiffer a traduit de l'allemand la première partie et Levinas la deuxième partie, à savoir les quatrième et cinquième conférences (quelque quatre-vingts pages: p. 55-134).[47]

D'après Levinas, l'atmosphère à Fribourg était complètement dominée par la phénoménologie de Husserl: bien que la ville de Fribourg soit aussi une ville de médecine, de chimie, de tant d'autres sciences, elle était surtout 'la ville de la phénoménologie'.[48] La longue présence de Husserl et sa phénoménologie devenue peu à peu célèbre attiraient un grand nombre d'étudiants de toute l'Allemagne et de l'étranger. Un esprit d'attachement intense à et de 'dévotion' pour la phénoménologie régnait. 'Travailler' était le mot d'ordre dans 'la ville de Husserl'. Les jeunes phénoménologues, fiers d'être des disciples du grand maître, croyaient pouvoir travailler pour la philosophie et faire des découvertes comme

[47] Husserl, E., *Méditations cartésiennes. Introduction à la phénoménologie* (traduit de l'allemand par Mlle Gabrielle Peiffer et M. Emmanuel Levinas, revu par Alexandre Koyré), Paris, Armand Colin, 1931, VII-136 p; 2e éd., Paris, Librairie philosophique J. Vrin, 1947; 3e éd., 1953; 4e éd., 1969.

dans les sciences exactes. Ils espéraient et étaient convaincus de pouvoir réaliser le rêve de Husserl d'une 'philosophie scientifique rigoureuse', à travers le dévouement assidu de générations successives de 'travailleurs philosophiques'. Cette 'ivresse de travail' allait de pair avec une joie presque euphorique et un enthousiasme rafraîchissant. Pour eux, la phénoménologie de Husserl était plus qu'une nouvelle théorie, c'était un idéal de vivre, une nouvelle phase dans l'histoire, presque une nouvelle religion. Ils croyaient à un nouveau printemps, à une nouvelle renaissance, à un réveil de l'esprit, qui serait capable de trouver une réponse à toute question.[49]

Les premiers résultats de l'étude intensive de Levinas est 'critique' détaillée de 36 pages qu'il publie en 1929[50] sur l'ouvrage de Husserl intitulé *Ideen zu einer reinen Phänomenologie und phänomenologische Philosophie. Erstes Buch: Allgemeine Einführung in die reine Phänomenologie*, paru en 1913 dans le premier fascicule du *Jahrbuch für Philosophie und phänomenologische Forschung*, publié par Husserl lui-même. Le résumé clair que Levinas en a

[48] Levinas, E., Fribourg, Husserl et la phénoménologie, dans: *Revue d'Allemagne et des pays de langue allemande*, 5(1931), n° 43, 15 mai, p. 402-414. Repris dans: Levians, E., *Les imprévus de l'histoire*, Montpellier, Fata Morgana, 1994, p. 94-106. Voir aussi: Id., Séjour de jeunesse auprès d'Husserl, dans: *Le nouveau commerce*, 1989, n° 75, p. 21-29.

[49] Pour la vision globale de Levinas sur le mouvement phénoménologique, voir: Levinas, E., Phénoménologie (recension de 'Jahrbuch für Philosophie und phänomenologische Forschung, Halle, Max Niemeyer, XI. Band, 1930, 570 p.), dans: *Revue philosophique de la France et de l'étranger*, vol. 118(1934), 59e année, n° 11-12, novembre-décembre, p. 414-420. Repris dans: Levinas, E., *L'intrigue de l'Infini* (Textes réunis et présentés par Marie-Anne Lescourret), Paris, Flammarion, 1994, p. 75-85 (voir: note suivante). Levinas distingue trois phases (p. 75-76). La première, correspondant aux premiers travaux de Husserl et à la réhabilitation de l'intuition des *essences* (*Wesensschau*). Au réalisme de la première période succède un idéalisme transcendental, qui replace le règne des idées dans la conscience transcendentale où il se constitue (cfr. les *Ideen zu einer reinen Phänomenologie und phänomenologischen Philosophie* de Husserl, commenté par Levinas). Par l'ouvrage *Sein und Zeit*, Martin Heidegger inaugure une troisième époque, celle de la *phénoménologie existentielle*, qui ne considère plus le sujet comme une conscience transcendentale mais comme une *existence* concrète vouée à la mort et soucieuse du fait même de son être. Cette préoccupation de l'être donne un accès privilégié au sens de l'être, c'est-à-dire à l'*ontologie*, qui est la philosophie elle-même.

[50] Levinas, E., Sur les 'Ideen' de M.E. Husserl, dans: *Revue philosophique de la France et de l'étranger*, vol. 107(1929), 54e année, n° 3-4, mars-avril, p. 230-265. Repris dans: Levinas, E., *L'intrigue de l'Infini*, p. 31-74; repris également dans: Id., *Les imprévus de l'histoire*, p. 45-93.

rédigé était à la fois sa première publication philosophique. A Strasbourg, en avril 1930, Levinas obtient le titre de docteur en philosophie avec une thèse sur la phénoménologie de Husserl: *La théorie de l'intuition dans la phénoménologie de Husserl*. Cette thèse est couronnée par l'*Académie des Sciences Morales et Politiques* de l'*Institut de France*, de sorte qu'elle paraît déjà en 1930 sous forme de livre.[51] En tant qu'un des premiers ouvrages monographiques et systématiques approfondis sur Husserl, la thèse joue un rôle important dans l'introduction de la phénoménologie de Husserl dans les pays francophones. Il est de notoriété publique qu'e.a. Jean-Paul Sartre a fait la connaissance de Husserl par le biais de la thèse de Levinas.[52] L'étude de Levinas est d'ailleurs toujours considérée comme un ouvrage d'initiation intéressant à la phénoménologie de Husserl. Après sa thèse, il a écrit encore plusieurs études approfondies sur la phénoménologie de Husserl, surtout en 1959 à l'occasion du centenaire de la naissance de Husserl: *Réflexions sur la 'technique' phénoménologique*,[53] *La ruine de la représentation*,[54] *Intentionalité et métaphysique*,[55] et en 1965

---

[51] Levinas, E., *La théorie de l'intuition dans la phénoménologie de Husserl*, Paris, Alcan, 1930, 224 p.; 2e éd., Paris, Librairie philosophique J. Vrin, 1963; 3e éd., 1970; 4e éd. 1978.

[52] De la phénoménologie à l'éthique (Entretien avec Emmanuel Levinas, par Richard Kearney), dans *Esprit*, n° 234, 1997, n° 7, juillet, p. 124-25: «C'est Sartre qui m' assigné une place dans l'avenir, en affirmant dans son hommage célèbre à Merleau-Ponty que lui, Sartre, 'avait été introduit à la phénoménologie par Levinas'. Dans l'un de ses écrits auto-biographiques, Simone de Beauvoir raconte comment cela s'est fait. Un jour, au début des années trente, Sartre est tombé sur une copie de mon livre sur Husserl à la librairie Picard, juste en face de la Sorbonne. Il l'a pris, l'a lu et a déclaré à Simone de Beauvoir: 'C'est la philosophie que je voulais écrire!' Après, il s'est rassuré en pensant que mon analyse était bien trop didactique et qu'il ferait mieux lui-même!»

[53] Levinas, E., Réflexions sur la 'technique' phénoménologique, dans le cecueil: *Husserl*, Paris, Éditions de Minuit, 1959, p. 95-107. Discussion: p. 108-118. Repris sans discussion dans: Id., *En découvrant l'existence avec Husserl et Heidegger*, Paris, Éditions J. Vrin, 1967, p. 111-123.

[54] Levinas, E., La ruine de la représentation, dans le recueil: *Edmund Husserl 1859-1959*, La Haye, Martinus Nijhoff, 1959, p. 73-85. Repris dans: Levinas, E., *En découvrant l'existence avec Husserl et Heidegger* (1967), p. 125-135.

[55] Levinas, E., Intentionalité et métaphysique, dans: *Revue philosophique de la France et de l'étranger*, vol. 149(1959), 84e année, n° 4, octobre-décembre, p. 471-479. Repris dans: Id., *En découvrant l'existence avec Husserl et Heidegger* (1967), p. 137-144.

Intentionalité et sensation.[56] Toutes ces contributions ont été reprises dans la deuxième édition élargie de *En découvrant l'existence avec Husserl et Heidegger* (1967).[57]

Quant à sa propre pensée, Levinas a trouvé dans la phénoménologie de Husserl surtout une *méthode*, l'incitant à une réflexion radicale qui s'étend loin au-delà de ce qui apparaît à première vue jusqu'à ce qui est oublié mais pourtant soutient ce qui apparaît, par exemple une réflexion qui s'élève au-delà de l'Etre jusqu'au Bien de la responsabilité-par-et-pour-autrui. Cela s'avère e.a. dans l'étude remarquable ultérieure *De la conscience à la veille. A partir de Husserl* (1974),[58] dans laquelle il scrute et radicalise, au moyen de la méthode et des catégories de Husserl, l'approfondissement de Husserl de la conscience jusque dans son fondement qui la précède et la rend possible, pour aboutir à son propre point de vue sur la conscience comme 'l'éveil du moi au plus profond de soi-même à la vigilance pour autrui', ce qui implique une définition de la subjectivité comme transcendance dans l'immanence, comme éclatement au cœur de l'identité substantielle du moi, insomnie malgré soi. Cette vigilance ou veille comme engagement, ou mieux comme être-engagé-malgré-soi-même pour l'autre ne repose pas sur une attention active et consciente mais est suscitée dans le sujet par 'l'autre qui s'est retiré dans un passé immémorial', mais d'une telle façon que le sujet même en soit fondé et 'animé'.

Pendant son séjour à Fribourg, Levinas est également entré en contact avec Heidegger, qui a succédé à Husserl en 1929 mais qui enseignait déjà à Fribourg dès l'automne de 1928. Ce sont surtout les analyses phénoménologiques perspicaces de *Sein und Zeit* (1927) qui ont intéressé Levinas. Toutefois, sa première rencontre avec Heidegger s'est déroulée dans le contexte de la *confrontation* de l'époque entre Husserl et Heidegger, qui enseignaient tous les deux pendant

---

[56] Levinas, E., Intentionalité et sensation, dans: *Revue internationale de philosophie*, vol. 19(1965), n° 71-72, fasc. 1-2, p. 34-54. Repris dans: Id., *En découvrant l'existence avec Husserl et Heidegger* (1967), p. 144-162.

[57] Levinas, E., *En découvrant l'existence avec Husserl et Heidegger*, Paris, Éditions J. Vrin, 1967 (réimpression conforme à la première édition de 1949, suivie d'Essais nouveaux), 237 p.

[58] Levinas, E., De la conscience à la veille. A partir de Husserl, dans: *Bijdragen*, 35(1974), n° 3-4, juillet-décembre, p. 235-249.

cette période. La confrontation s'est déroulée plutôt entre leurs étudiants, en faveur de Heidegger (à propos de quoi Levinas avait plus de sentiments confus par après qu'au moment même).

Il ressort de la publication de ses essais sur les deux penseurs dans un seul ouvrage (*En découvrant l'existence avec Husserl et Heidegger*) (1949)[59] que Husserl et Heidegger ne doivent pas être considérés comme deux sources absolument séparées de la pensée de Levinas. Cet ouvrage (dont il a déjà été fait mention) reflète l'initiation de Levinas à la phénoménologie et son interprétation *existentialiste* et témoigne aussi des espoirs suscités par cette première rencontre.

Toutefois, après peu, Levinas a pris ses distances par rapport à Heidegger,[60] non seulement personnellement lorsqu'en 1933, bien que ce soit pour une courte durée, Heidegger a prêté comme recteur son appui au régime nazi et portait, pendant sa rencontre avec Löwith en 1936 à Rome, – à l'étranger! – la croix gammée, mais aussi au niveau de la pensée.[61] Dans sa réflexion indépendante ultérieure, il s'oppose constamment à Heidegger, surtout à son point de vue sur l'Etre et l'ontologie. Il s'en est suivi qu'on allait qualifier Levinas de l'*anti-Heidegger* par excellence, bien que cela ne soit pas du tout dans ses intentions.

Différent de Heidegger: le chemin vers l'autre

De 1930 à 1932, Levinas continue à étudier la philosophie à la Sorbonne à Paris. Un de ses maîtres est le Juif *Léon Brunschvicg*, dont le néo-idéalisme *rationnel* se joint au passé mitnagged de Levinas. A Paris, Levinas entre également en contact avec Jean Wahl, dont il apprend à apprécier la finesse intellectuelle,

---

[59] Levinas, E., *En découvrant l'existence avec Husserl et Heidegger*, Paris, Librairie philosophique J. Vrin, 1949, 109 p.

[60] Voir e.a.: Levinas, E., Comme un consentement à l'horrible, dans: *Le nouvel observateur*, 1988, n° 1211, p. 82: «J'ai appris très tôt – peut-être encore avant 1933 – et certainement après les gros succès remportés par Hitler lors de l'élection au Reichstag – la sympathie de Heidegger pour le national-socialisme.»

[61] Ibid., p. 83: «Quant à la vigueur intellectuelle de 'Sein und Zeit', il n'est pas possible de lui ménager l'admiration dans tout l'œuvre immense qui a suivi ce livre extraordinaire de 1926. Sa souveraine fermeté la marque sans cesse. Peut-on pourtant être assuré que le Mal n'y a jamais trouvé écho?»

anti-intellectualiste ainsi que l'amitié chaleureuse. Jean Wahl devient aussi le directeur de thèse de Levinas lors de sa présentation en 1961 de *Totalité et Infini* pour obtenir son doctorat d'État.

Dans les années trente, il y a aussi les réunions des *philosophes d'avant-garde* qui ont lieu chez Gabriël Marcel le samedi soir. Si Levinas se réfère à Gabriël Marcel dans son ouvrage, il l'associe toujours à la pensée *moi-toi (Ich und Du)* de Martin Buber, qui l'a aussi influencé profondément, ce qui n'exclut toutefois pas la critique. Il se considère comme quelqu'un qui essaie surtout de révéler les dimensions métaphysique et éthique de *l'inter-humain* (*das Zwischen-menschliche*), tout comme Marcel et Buber, et Levinas les scrute et dépasse en même temps.

Un autre grand penseur juif qui, par son opposition à l'idée de totalité hégélienne,[62] par son retour au judaïsme après le 'mouve-ment d'assimilation' et surtout par son chef-d'œuvre (extrêmement difficile) *Stern der Erlösung* de 1921, a profondément influencé Levinas, est Franz Rosenzweig (1886-1929), qu'il a découvert et étudié en 1935.[63] Il lui a prêté d'ailleurs une attention particu-lière dans deux études: *Entre deux mondes. (Biographie spirituelle de Franz Rosenzweig)* (1963),[64] *Franz Rosenzweig: une pensée juive moderne* (1965)[65] et la *Préface* détaillée à l'ouvrage de Stéphane Mosès, *Système et révélation. La philosophie de Franz Rosenzweig* (1982).[66]

---

[62] Levinas, E., *Totalité et Infini*, p. XVI.

[63] Entretiens Emmanuel Levinas - François Poirié, dans: Id., *o.c.*, p. 121.

[64] Levinas, E., *Entre deux mondes. (Biographie spirituelle de Franz Rosenzweig)* (Con-férence au deuxième Colloque des Intellectuels Juifs de langue française, le 27-9-1959), dans: Amado Lévy Valensi, É., Halpérin, J. (éd.), *La conscience juive. Données et débats*, Paris, Presses Universitaires de France, 1963, p. 268-285; discussion: p. 286-291. Repris, modifié légèrement, sans discussion et avec une autre introduction, dans: Levinas, E., *Difficile liberté* (1976), p. 235-260, sous le titre: «*Entre deux mondes*» (*La voie de Franz Rosenzweig*).

[65] Levinas, E., Franz Rosenzweig: une pensée juive moderne, dans: *Revue de théologie et de philosophie*, 98(1965), t. 15 (3e série), n° 4, p. 208-221. Repris dans: Levinas, E., *Hors sujet*, p. 71-96.

[66] Levinas, E., Préface, dans: Mosès, S., *Système et révélation. La philosophie de Franz Rosenzweig*, Paris, Éditions du Seuil, 1982, p. 7-16. Repris dans: Levinas, E., *Hors sujet*, p. 71-96.

En 1963, Levinas a été chargé de cours de philosophie à la faculté des lettres à Poitiers. En 1967, il est devenu professeur à Paris-Nanterre, où il enseignait l'histoire de la pensée philosophique et commentait des textes de grands penseurs tels que Kant, Hegel, Husserl et Heidegger. En 1973, il a été promu professeur d'université à la Sorbonne à Paris, où il enseignait jusqu'à son éméritat en 1976. Ses derniers cours, *La mort et le temps* et *Dieu et l'onto-théo-logie*, qu'il enseignait à la Sorbonne en 1975-76, n'ont été publiés que beaucoup plus tard, grâce aux efforts de l'un de ses disciples éminents, Jacques Rolland, sous le titre *Dieu, la mort et le temps* (1991, 1993).[67]

Dans la pensée de Levinas, nous pouvons distinguer plusieurs périodes. Tout d'abord, il y a la 'période d'apprentissage', à situer entre 1923 et 1935 et pendant laquelle il apprend à penser 'en grec', c'est-à-dire se familiarise avec la philosophie occidentale et s'abîme surtout dans la phénoménologie. C'est seulement après – à Paris – qu'il prend connaissance de la pensée dialogale (surtout de Buber et de Marcel). Sa deuxième période, le début de sa pensée indépendante, se situe à partir de 1935, l'année où paraît sa première étude indépendante profonde *De l'évasion* (beaucoup plus tard, en 1982, cet article a été publié sous forme de livre, préfacé et annoté par le Jacques Rolland mentionné ci-dessus).[68] Levinas lui-même décrit l'évolution qu'il a vécue après de la façon suivante: 1° la découverte de *l'existence (l'être) sans existant (étant)* ou de 'l'il y a'; 2° la voie qui mène de l'existence à l'existant et à l'existant séparé par excellence, c.-à-d. au sujet humain; 3° finalement la voie qui mène de l'existant séparé

---

[67] Levinas, E., *La mort et le temps* (Établissement du texte et postface de Jacques Rolland), Paris, Éditions de l'Herne, 1991, 156 p. Levinas, E., *Dieu, la mort et le temps* (Établissement du texte, notes et postface de Jacques Rolland), Paris, Éditions Bernard Grasset & Fasquelle, 1993, 278 p. Ce volume contient les textes de deux cours professés par Levinas durant l'année universitaire 1975-1976, la dernière de son enseignement régulier en Sorbonne. L'un traite «La mort et le temps» (le texte du volume mentionné ci-dessus) (p. 13-134), l'autre «Dieu et l'onto-théologie» (p. 135-273).

[68] Levinas, *De l'évasion* (Introduit et annoté par Jacques Rolland), Montpellier, Fata Morgana, 1982, 122 p.: Sortir de l'être par une nouvelle voie (introduction par Jacques Rolland, p. 9-64); le texte de Levinas (p. 65-99); Annotations par Jacques Rolland (p. 101-122).

au visage d'autrui, où se noue l'implication éthique de la *responsabilité-par-et-pour-autrui* laquelle à son tour implique l'intrige métaphysique du *désir de l'Autre (tout Autre)* ou de l'Infini. Et ce désir est le contexte ou le 'milieu divin' où l'idée d'un 'être-à-Dieu' non contaminé par l'être et son intéressement prend son sens authentique.

Les deux premiers points de cette évolution se manifestent surtout dans *De l'existence à l'existant*[69] et *Le temps et l'autre*,[70] tous les deux publiés en 1947. Ces ouvrages donnent le branle à la troisième étape, qui connaît une véritable 'explosion' dans son premier ouvrage principal *Totalité et Infini. Essai sur l'extériorité* de 1961.[71] Les études publiées après cet ouvrage en élaborent les perspectives métaphysique, anthropologique et éthique. Cela s'avère dans la deuxième édition élargie déjà mentionnée de *En découvrant l'existence avec Husserl et Heidegger* (1967), dans laquelle a été repris *La philosophie et l'idée de l'Infini*,[72] un article de 1957, annonçant directement les thèmes centraux de *Totalité et Infini*, mais également quelques études succédant immédiatement au premier ouvrage principal. Dans un certain nombre de publications suivantes, telles que *La trace de l'autre* (1963)[73] et surtout

---

[69] Levinas, E., *De l'existence à l'existant*, Paris, Éditions de la Revue Fontaine, repris par Librairie philosophique J. Vrin, 1947, 175 p; deuxième édition: Paris, Librairie philosophique J. Vrin, 1978, 173 p., avec Préface à la deuxième édition, p. 10-13. Id., *Le temps et l'autre*, dans: Wahl, J., e.a., *Le choix – le monde – l'existence*, Grenoble-Paris, Arthaud, 1947, p. 125-196. Réédition en forme de livre: Montpellier, Fata Morgana, 1979, 92 p., avec Préface à la réédition: p. 7-15, 91.

[70] Levinas, E., *Le temps et l'autre*, dans: Wahl, J., e.a., *Le choix – le monde – l'existence*, Grenoble-Paris, Arthaud, 1947, p. 125-196. Réédition en forme de livre: Montpellier, Fata Morgana, 1979, 92 p., avec Préface à la deuxième édition: p. 7-15, 91.

[71] Levinas, E., *Totalité et Infini. Essai sur l'extériorité*, La Haye, Martinus Nijhoff, 1961, XVIII-284 p. (Beaucoup de réimpressions ont suivies, jusqu'aujourd'hui).

[72] Levinas, E., *La philosophie et l'idée de l'Infini*, dans: *Revue de métaphysique et de morale*, 62(1957), n° 3, juillet-septembre, p. 241-253. Repris dans: *En découvrant l'existence avec Husserl et Heidegger* (1967), p. 165-178.

[73] Levinas, E., *La trace de l'autre*, dans: *Tijdschrift voor filosofie*, 25(1963), n° 3, septembre, p. 605-623. Repris dans: Id., *En découvrant l'existence avec Husserl et Heidegger* (1967), p. 187-202. Repris et intégré dans: Levinas, E., *La signification et le sens*, dans: *Revue de métaphysique et de morale*, 69(1954), n° 2, avril-juin, p. 125-156 (repris dans: Id., *Humanisme de l'autre homme*, Montpellier, Fata Morgana, 1972, p. 17-63, 105).

Énigme et phénomène (1965),[74] commence à se dessiner le profil de son deuxième ouvrage principal qui est probablement le plus accompli: *Autrement qu'être ou au-delà de l'essence.*[75] En 1972 paraît le recueil *Humanisme de l'autre homme* comme une sorte de bilan intérimaire.[76] Après la parution de *Autrement qu'être* en 1974, soulignant surtout la redéfinition du sujet comme 'responsabilité par et pour autrui' et en traçant la portée métaphysique jusqu'au penser-à-Dieu, quelques études sur et après *Autrement qu'être* élaborent cette implication 'théologique' d'une façon strictement philosophique. En 1982, elles sont publiées dans un recueil intitulé *De Dieu qui vient à l'idée.*[77] Dans cette même année paraît une série de conversations radio avec Philippe Nemo, sous le titre *Éthique et Infini*, dans lesquelles les différentes vues de base de l'œuvre entière de Levinas sont esquissées et reliées l'une à l'autre d'une façon concise et accessible.[78] Cet ouvrage peut servir d'ouvrage d'initiation, qui tient simultanément compte des idées d'avant, durant et après *Totalité et Infini*. Après, plusieurs autres études de Levinas ont été publiées dans des recueils, dans lesquels ont été reprises surtout (mais pas exclusivement) des études antérieures qui n'avaient pas encore été rendues accessibles sous forme de livre, telles que: *Hors sujet* (1987),[79] *Entre nous* (1991),[80] *Emmanuel Levinas* (1991),[81] *Liberté et commandement*

[74] Levinas, E., Énigme et phénomène, dans: *Esprit*, 33(1965), n° 6, juin, p. 1128-1142. Repris dans: Id., *En découvrant l'existence avec Husserl et Heidegger* (1967), p. 203-217.

[75] Levinas, E., *Autrement qu'être ou au-delà de l'essence*, La Haye, Marinus Nijhoff, 1974, VIII-233 p.

[76] Levinas, E., *Humanisme de l'autre homme* («Essais»), Montpellier, Fata Morgana, 1972, 113 p. Avec 'Avant-Propos' important: p. 9-16.

[77] Levinas, E., *De Dieu qui vient à l'idée* («Essais»), Paris, Librairie philosophique J. Vrin, 1982, 271 p.

[78] Levinas, E., *Éthique et Infini. Dialogues avec Philippe Nemo*, Paris, Librairie Arthème Fayard/Radio-France Culture, 1982, 135 p.

[79] Levinas, E., *Hors sujet* («Essais»), Montpellier, Fata Morgana, 1987, 244 p.

[80] Levinas, E., *Entre nous. Essais sur le penser-à-l'autre*, Paris, Éditions Bernard Grasset & Fasquelle, 1991, 271 p.

[81] Chalier, C., Abensour, M. (réd.), *Emmanuel Lévinas* (Avec 12 textes d'Emmanuel Levinas et 28 commentaires sur Levinas) (Cahiers de l'Herne 60), Paris, Éditions de l'Herne, 1991, 519 p.

(1994),[82] *L'intrigue de l'Infini* (1994),[83] *Les imprévus de l'histoire* (1994)[84] et *Altérité et transcendance* (1995).[85]

La constante fondamentale dans tous les écrits de Levinas demeure du début à la fin sa recherche de l'idée du Bien au-delà de l'être. Il découvre cette idée en nous comme la condition fondamentale et 'an-archique' de notre subjectivité. Nous nous rendons compte de cette condition qui précède notre liberté à travers l'appel éthique à la responsabilité inconditionnelle, éveillée en nous par l'épiphanie du visage d'autrui comme 'pauvre, veuve, orphelin': «éveil du moi par autrui». A partir de cette éthique hétéronome, qui rend possible une redédfinition radicale des droits de l'homme, se produit une trace métaphysique 'vers Dieu', littéralement 'à-Dieu', comme un désir du tout Autre ou de l'Infini qui s'infinit. Ce désir n'est pas conditionné par un besoin ou une indigence, c'est-à-dire par une négativité du moi, mais est 'provoqué' par l'épiphanie du visage et creusé infiniment jusqu'à un désir inassouvissable, 'non pas parce qu'il répond à une faim infinie, mais parce que'il n'appelle pas de nourriture. Désir sans satisfaction qui, par là-même, prend acte de l'altérité d'autrui'.[86] C'est précisément par et dans ce désir, qui ne comble pas mais creuse, que Dieu se révèle comme le Bien qui s'infinit en nous, malgré nous, jusqu'à l'infini, et qui nous inspire au Bien de la responsabilité pour autrui, sans nous brûler ou suffoquer.[87]

---

[82] Levinas, E., *Liberté et commandement* (Préface de Pierre Hayat), Montpellier, Fata Morgana, 1994, 104 p. Reprend «Liberté et commandement» (1953) et «Transcendance et hauteur» (avec Discussion et Correspondance) (1962).

[83] Levinas, E., *L'intrigue de l'Infini* («Essais») (Textes réunis et présentés par Marie-Anne Lescourret), Paris, Flammarion, 1994, 320 p.

[84] Levinas, E., *Les imprévus de l'histoire* («Essais») (Préface de Pierre Hayat), Montpellier, Fata Morgana, 1994, 215 p.

[85] Levinas, E., *Altérité et transcendance* («Essais») (Préface de Pierre Hayat), Montpellier, Fata Morgana, 1994, 191 p.

[86] Levinas, E., *En découvrant l'existence avec Husserl et Heidegger* (1967), p. 175.

[87] Levinas caractérise ce Bien, cette idée de l'Infini en nous comme l'*illéité* de Dieu qui se réalise par l'hétéronomie de la responsabilité qui précède la liberté et qui rend possible notre 'bien agir'. Sans devenir deuxième personne, sans devenir un Toi présent face-à-face, fût il un Toi éternel comme Buber le conçoit, Dieu n'est pas non plus impersonnel, dans le sens d'une force ou énergie neutre. Comme le Bien qui me précède et m'affecte dans ma 'profondeur' de soi '*Il*' est quelqu'un qui m'inspire, qui est littéralement mon '*âme*'. Voir:

Humble post-scriptum

Cette tentative de biographie philosophique ne nous laisse pas sans sentiments confus, elle non plus. Involontairement, elle a encore trop de la photographie ou de la création d'une image. Toutefois, «l'autre est invisible», comme Levinas lui-même l'exprime d'une façon radicale, s'opposant ainsi au malentendu courant qui comprend 'le visage' de l'autre comme 'sa mine', à savoir comme son apparence et sa descriptibilité, sa physionomie, sa personnalité ou son caractère, ses positions sociale et familiale, ses origines et son passé intellectuel, culturel et religieux... Le 'visage' de Levinas est précisément ce qui dépasse sa 'mine'. Cela implique que toute tentative pour le rendre visible par le biais d'une 'biographie' quelconque, même intellectuelle, entraîne déjà une espèce de malentendu et d'injustice, qui exige le 'c'est-à-dire' d'une 'mise au point'. C'est la raison pour laquelle la biographie philosophique ci-dessus doit être lue comme une invitation insistante à étudier les textes de Levinas lui-même, car seul la parole adressée par quelqu'un envers quelqu'un d'autre – dont l'écriture est aussi l'incarnation comme 'écrite-envers-les lecteurs' – révèle l'autre: «signe fait à l'autre, poignée de main».[88] Cette étude devient dès lors un événement éthique par excellence, où nous sommes appelés par la parole qui vient 'd'ailleurs' et qui nous met en question et exige l'hospitalité à la fois. Mais ici encore l'autre reste invisible, dans ce sens que l'autre ne se donne jamais dans le texte sans se retirer en même temps. Cela implique que toute étude – littéralement tout 'dévouement' au texte – quelque dévouée qu'elle soit – ne peut aboutir qu'à des interprétations personnelles. Dans ses textes, Levinas demeure 'l'autre', qui ne peut jamais être réduit à une approche quelconque, ce qui serait une forme de violence. Sa

---

Levinas, E., *L'au-delà du verset*, p. 164: «Un tel appel à la personne dans son unicité historique – et dès lors l'exigence même de l'histoire par la Révélation – signifie, en dehors de toute 'sagesse' théosophique, un Dieu: un Dieu n'est-il pas personnel, avant toute autre caractéristique, dans la mesure où Il en appelle aux personnes?»

[88] Levinas, E., *De l'être à l'autre* (A propos de Paul Celan) (1972), dans: Id., *Noms propres*, Montpellier, Fata Morgana, 1976, p. 62.

transcendance constitue d'ailleurs sa vulnérabilité, 'incitant' et 'séduisant' les lecteurs, les interprètes et les commentateurs à recourir à son altérité. Voilà où se manifeste la signification éthique de la lecture des écrits de Levinas, à savoir l'appel 'tu ne tueras point'. Ce qui est possible et ce qui est même évident, c'est-à-dire réduire l'autre à son visage ou son apparence (dans le dit du texte), n'est pas permis.

Sous un angle positif, cette interdiction exprime l'appel de rendre justice à l'autre, et notamment à la pensée de Levinas qui s'adresse à nous à travers ses textes. Et cette justice rend possible la vérité. La réponse à l'appel provenant de l'autre dans son texte, nous met sur la voie de la vérité qui, précisément grâce à l'attitude éthique de 'reconnaissance' devient la véritable 'connaissance' de Levinas qui s'adresse à nous et continue à s'adresser à nous à travers ses textes, sans devenir lui-même un dit ultime et définitif, c'est-à-dire dogmatique, mais au contraire un dit qui exige le scepticisme d'un dédire sans cesse. Pour un vrai dialogue avec Levinas, il faut partir de ses textes et toujours en sortir pour y revenir sans s'y enfermer. Les textes de Levinas sans commentaires et sans commentaires sur ces commentaires deviennent un dit mort et perdu. Le dit de Levinas – et de chaque texte ou livre, même du Livre Saint – exige des lecteurs et des critiques afin que son dire originel qui les appelle à l'écoute et à l'interprétation se puisse produire comme un évènement de l'infini qui s'infinit.[89]

---

[89] Voir: Levinas, E., Écrit et sacré, dans: Kaplan, F., Vieillard-Baron, J.-L. (éd.), o.c., p. 356-357: «L'interprétation ne constitue-t-elle pas – déjà quand elle porte sur des propositions qui ne sont pas des versets, mais, par exemple, de simples vers ou de belles-lettres – la façon même dont se fait entendre parmi nous une voix radicalement *autre*? Sa possibilité n'atteste-t-elle pas, dans tout langage méritant écriture et livre et qui ne s'en tient pas à une simple transmission de renseignements ou de signaux (si tant est qu'aucun langage puisse s'en tenir là), une puissance poétique, la sonorité d'une voix seconde déchirant ou couvrant la première, le bruit d'innombrables sens se pressant derrière celui qui se trame sur la surface visible du texte? L'autre sens perçant, déchirant, le même – message. Le message – l'altérité – perçant l'identité du même.»

PRINTED ON PERMANENT PAPER • IMPRIME SUR PAPIER PERMANENT • GEDRUKT OP DUURZAAM PAPIER - ISO 9706

ORIENTALISTE, KLEIN DALENSTRAAT 42, B-3020 HERENT